JOYCE MEYER

Bloß kein Streit ...?

edition
TROBISCH

JOYCE MEYER

Bloß kein Streit...?

Mit Konflikten positiv umgehen

edition TROBISCH

Joyce Meyer hat ein eigenes Missionswerk gegründet: »Life in the word.«

Ihre »Life in the word« – Radiosendung wird weltweit über mehr als 250 Sender übertragen. Ihre halbstündige Fernsehsendung »Life in the word with Joyce Meyer« wurde 1993 gestartet und wird in den gesamten Vereinigten Staaten und Kanada übertragen.

Joyce und ihr Ehemann Dave Meyer, Leiter der Verwaltung von »Life in the word« sind seit über dreißig Jahren verheiratet und sind Eltern von vier Kindern.

© Copyright der amerikanischen Ausgabe by Creation House, Orlando, Florida
Originaltitel: Life Without Strife
Übersetzt von Chantal Schrenck

hänssler-edition Trobisch
Bestell-Nr. 854.162
ISBN 3-7751-9162-3

© Copyright der deutschen Ausgabe 1999 by Hänssler Verlag
D-71087 Holzgerlingen
Umschlagfoto: Comstock
Umschlaggestaltung: Daniel Kocherscheidt
Satz: Vaihinger Satz + Druck
Druck und Bindung: Ebner Ulm
Printed in Germany

INHALT

Einführung 7
1 Zwietracht aufdecken 9
2 Was der Zwietracht Tür und Tor öffnet 15
3 Ich meine, ich habe Recht, aber ich kann mich auch irren . 21
4 Einigkeit und Harmonie setzen geistliche Kraft frei 25
5 Welchen Einfluss hat Zwietracht auf Wohlstand? 31
6 Gott vertrauen und belohnt werden 39
7 Zwietracht zerstört 45
8 Zwietracht zerstört Gemeinden 49
9 Wie Zwietracht Ihre Gesundheit beeinträchtigt 61
10 Liegen Sie mit sich selbst im Streit? 71
11 Zwietracht mit Gott 85
12 Zwietracht mit Ihren Mitmenschen 99
13 Wie man einmütig uneins ist 107
14 Zwietracht zwischen Eltern und Kindern 117
15 Seien Sie vergebungsbereit 127
16 Zwietracht stiehlt unser Erbteil 135
17 Der Kampf des Friedens 143
18 Der Kampf der Liebe 153
19 Druck durch Veränderungen 163
Nachwort 173
Bibliographie 177
Anmerkungen 179

Einführung

»Mein Volk ist dahin, weil es ohne Erkenntnis ist.« (Hos 4, 6). »Wer ist so blind wie mein Knecht?« (Jes 42, 19).

Es gab eine Zeit, als ich Gott diente und beinahe zerstört worden wäre, weil ich nicht genug über Zwietracht wusste. Zwietracht kann sehr zerstörerisch sein.

Ständig kämpfte ich mit irgendetwas oder irgendjemandem. Ich verstand gar nicht, in welche Falle mich Satan da gelockt hatte. Ich liebte Gott; ich war wiedergeboren; ich war getauft und ich war zum hauptamtlichen Dienst berufen worden. Aber dennoch führte ich ein Leben in Zwietracht.

Die Bibel sagt eine Menge über Zwietracht und Streit, was eigentlich dasselbe ist. Ich denke, dass auch Ihnen beim Lesen dieses Buches die Augen geöffnet werden. Klarer als jemals zuvor werden Sie die zerstörerischen, vernichtenden Auswirkungen von Streit und Zwietracht erkennen. Ich bete dafür, dass Sie diese Auswirkungen so klar und deutlich sehen, dass Zwietracht niemals wieder in Ihrem Leben unerkannt und unbekämpft bleiben wird.

In unserer heutigen Zeit zerstört Zwietracht die Gemeinden schneller, als Gott sie bauen kann. Tausende Ehen werden geschieden, weil sie von dem Geist der Zwietracht beherrscht werden. Der Druck, die Zwietracht bekämpfen zu müssen, macht viele Menschen krank. Menschen opfern für sie ihren Wohlstand und verlieren ihretwegen ihre Arbeitsstelle. Firmen stehen ihretwegen plötzlich vor dem Konkurs. Zwietracht treibt Tausende Kinder in Widerstand und Desorientierung.

All dies geschieht, und die Menschen erkennen nicht die Ursache aller ihrer Probleme.

Er verschafft sich Zutritt durch die Zwietracht!

Zwietracht muss uns nicht unbedingt zerstören.

Jesus gab uns seinen Frieden zu unserem Schutz. Die Schrift sagt, wir sollen »stille sein« (2. Mose 14, 14), und »der Friede Christi [...]

regiere in euren Herzen« (Kol 3, 15). Wir sollten unsere »Zunge behüten vor Bösem und [unsere] Lippen, daß sie nicht Trug reden« (Ps 34, 14), und »friedfertig« (Mt 5, 9) sein.

Im Wort Gottes finden wir wunderbare Zusagen an die Friedfertigen. Eine steht in Psalm 37, 37: »Bleibe fromm und halte dich recht; denn einem solchen wird es zuletzt gut gehen.« Denken Sie einmal darüber nach! Der Friedfertige wird der Glückliche sein!

Gerechtigkeit, Friede und Freude sind das Erbteil des Gläubigen. Das Reich Gottes besteht aus diesen drei Dingen, aber wenige, die Christus als ihren Erlöser annehmen, können diese Vorzüge in ihrem täglichen Leben wirklich erfahren und nutzen. Satan stiehlt ihnen den Frieden. Er betrügt, belügt und betört die Gläubigen durch einen Mangel an Wissen oder einen Mangel an Bereitschaft, das Wissen auch tatsächlich anzuwenden.

Wenn Sie in Zwietracht leben, wird dieses Buch es ans Licht bringen. Sie werden lernen, den Geist der Zwietracht zu überwinden und das friedvolle Leben zu leben, das Gott Ihnen zugedacht hat.

Geist der Zwietracht

*Denn wo Neid und Streit ist,
da sind Unordnung und lauter böse Dinge.*
(Jak 3, 16)

Helm des Stolzes	Hammer des Gerichts
Brustharnisch der Sünde	Umhang der Täuschung
Schwert der Verbitterung	Stiefel des Zorns
Schild des Hasses	Sprache der Lügen

1.
ZWIETRACHT AUFDECKEN

● Zwietracht ist eine zänkische, streitsüchtige, hitzige Uneinigkeit oder auch eine von Zorn beherrschte Atmosphäre. Im Wörterbuch wird Zwietracht definiert als »Uneinigkeit, Streit, böse Gesinnung gegen einen anderen oder andere.«[1] Andere Begriffe zur Beschreibung von Zwietracht sind: »Streit, Rivalität, Kampf, Diskussion, Provokation, Unstimmigkeiten.« Zwietracht ist schuld daran, dass das Leben vieler Menschen zerstört zu werden droht, aber sie erkennen sie nicht als den Ursprung ihrer Schwierigkeiten. Ein Mann, der meine Vorträge über Jahre hinweg regelmäßig besuchte, erzählte mir einmal eine Begebenheit, die Ihnen helfen wird, die Gefahr zu erkennen, die von der Zwietracht ausgeht. Eines Abends hatten dieser Mann und seine Frau einen hitzigen Streit. Als es Zeit wurde, zu Bett zu gehen, fühlte sich der Mann von Gott gedrängt, mit seiner Frau Frieden zu schließen. Er wurde an den Bibelvers erinnert, der besagt, dass wir nicht die Sonne über unserem Zorn untergehen lassen sollen (siehe Eph 4, 26).

Er wusste, was das Richtige gewesen wäre und was er hätte tun müssen, aber seine fleischliche Widerspenstigkeit und sein Stolz setzten ihn tüchtig unter Druck, um ihn davon abzuhalten. Er wälzte sich in seinem Bett von einer Seite zur anderen, aber er konnte nicht einschlafen. Gegen zwei Uhr morgens fühlte er, dass der Herr zu ihm sprach: »Ich werde dir zeigen, was du in dein Haus hineingelassen hast.«

Zwietracht öffnet allen Arten von Problemen
Tür und Tor.

> Denn wo Neid (Eifersucht) und Streit
> (Rivalität und Egoismus) ist, da sind Unordnung
> (Unzufriedenheit, Disharmonie, Widerstand)
> und lauter böse Dinge (Jak 3, 16).

Das ist eine mächtige Wahrheit! Wenn es uns nämlich gelingt, Zwietracht und Streit aus unserem Leben fernzuhalten, dann werden wir auch andere Probleme wie zum Beispiel Unordnung oder Widerstand von unserem Leben fern halten können. Der heilige Geist zeigte mir, dass ein großer Teil des Widerstands der jungen Leute von heute eine direkte Folge der weit verbreiteten Zwietracht zwischen ihren Eltern in ihren Elternhäusern ist.

Es heißt, dass über die Hälfte aller Ehen wieder geschieden werden. Ich kann mit gutem Gewissen sagen, dass ein Übermaß an Zwietracht der Auflösung einer Ehe vorausgeht. Wenn wir beobachten, wie sich in einem jungen Menschen Widerstand manifestiert, dann hat er oftmals Hunderte von Streitereien, Streitigkeiten erlebt und ertragen, wenn er mitgehört und gesehen hat, wie sich seine Eltern regelmäßig gestritten und gezankt haben.

Eine Atmosphäre im Elternhaus, die durchsetzt ist mit unterschwelligem Zorn anstelle von Frieden, ist eine offene Tür für das Entwickeln von Widerstand in Kindern. Sie rebellieren einfach nur deshalb, weil die Bedingungen, unter denen sie leben, nicht in Ordnung sind. Tief in ihrem Innern wissen sie, dass irgendetwas (Zwietracht) nicht normal ist, deshalb rebellieren sie dagegen. Dieser Widerstand jedoch wendet sich gegen alles und jedes. Die Atmosphäre der Gewalt, in der sie groß geworden sind, macht sie zornig, und sie finden das ganze Leben verwirrend.

Nichts scheint für sie einen Sinn zu ergeben, und so zeigt sich eine tief verwurzelte Verbitterung in ihrem Verhalten. Ermahnungen ihrer Eltern respektieren sie nicht, weil die Kinder erleben, wie ihre Eltern völlig außer Kontrolle geraten sind. Darum glauben sie, dass ihre Eltern nicht in der Lage sind, ihnen etwas zu sagen.

Vor vielen Jahren, noch bevor ich mich mit den Wurzeln der Zwietracht in meinem eigenen Leben auseinander gesetzt hatte, ermahnte ich oft meine Kinder für dasselbe Verhalten, das ich selbst an den Tag legte. Aber ich ließ nicht zu, dass mich irgendjemand darauf ansprach. Weil ich schnell wütend wurde, war ich die meiste Zeit über wütend. Und doch, wenn eines meiner Kinder wütend oder zornig war, ermahnte ich das Kind genau wegen dieses Verhaltens. Wie konnte ich nur erwarten, dass meine Kinder mich respektierten und mir vertrauten und Ermahnungen von mir annahmen, wenn ich doch genau diejenige war, die ihnen dieses schlechte Verhalten durch mein eigenes Beispiel beibrachte?

Ein Kind mit Worten zu erziehen, ohne diese Erziehung durch ein entsprechendes Verhalten zu unterstützen, schadet mehr, als dass es nützt. Ein Kind wird verwirrt und widerspenstig, wenn Eltern etwas von ihm verlangen, was sie selbst nicht tun. Wenn eine Mutter ihre Tochter dazu zwingt, den ganzen Hausputz zu erledigen, und selbst nicht mit anpackt und dazu noch ständig Dreck macht, den die anderen aufputzen müssen, dann macht die Tochter vielleicht die Arbeit, weil sie dazu gezwungen wird, aber sie wird in ihrem Herzen gegen solch eine Behandlung aufbegehren. Dasselbe Prinzip gilt auch für Zwietracht. Eine dauernde Atmosphäre der Zwietracht in einem Haus bewirkt gestörte Beziehungen – ohne Liebe und Frieden.

Das bedeutet natürlich nicht, dass Eltern, die gelegentlich in Gegenwart ihrer Kinder streiten, das Kind dazu veranlassen, widerspenstig zu werden. In fast jeder Familie kommt es gelegentlich zu Meinungsverschiedenheiten. Die zentrale Frage ist aber, wie Eltern mit solchen Meinungsverschiedenheiten umgehen. Es ist gut, wenn Kinder sehen, dass es Konflikte zwischen Menschen gibt und dass sie zugeben, wenn sie sich geirrt haben und sofort um Vergebung bitten.

Zwietracht war jahrelang ein Dauergast in unserem Haus. Ich war sexuell, physisch, verbal und emotional schon seit meiner frühesten Kindheit von meinem Vater missbraucht worden, bis ich mit achtzehn Jahren von zu Hause auszog. Ich hatte inmitten von Gewalt und Zorn gelebt.

Aufgrund des Missbrauchs in meinem Elternhaus war meine ganze Kindheit von Angst, Verlegenheit und Scham erfüllt. Mein Vater beherrschte mich durch Einschüchterung. Er hatte mich niemals physisch gezwungen, mich ihm zu unterwerfen, aber er zwang mich so zu tun, als ob es mir gefiel, was er tat. Ich glaube, es war dieses Verhalten, sowie meine Unfähigkeit, meine wahren Gefühle auszudrücken, die mich tief verletzt hatten.

Ich zog von zu Hause aus, während mein Vater an der Arbeit war. Kurz darauf heiratete ich den erstbesten jungen Mann, der Interesse an mir bekundete. Mein neuer Ehemann war ein Betrüger, ein Dieb und ein Schwindler, und er war meistens arbeitslos. Einmal verließ er mich in Kalifornien, und ich hatte nur noch zehn Cent in der Tasche und besaß einen Kasten Sprudel.

Die Folge dieses Missbrauchs war, dass ich zornig wurde und leicht aufbrauste. Ich hatte viele innere Probleme, die sich in Beziehungsproblemen festmachten. Aber um es frei heraus zu sagen, es war sehr schwer, mit mir auszukommen.

Als ich in meiner Beziehung zum Herrn wuchs, begann ich, mich nach Frieden zu sehnen. Als ich dann an den Punkt kam, an dem ich ganz intensiv nach Frieden hungerte und dürstete, da begann mich die Bibel über Zwietracht und ihre Gefahren zu lehren. Ich lernte, sie zu erkennen und mich ihr gleich von Anfang an zu widersetzen. Heute behandle ich Zwietracht wie die Pest – als gefährlichen Widersacher, der nur Zerstörung mit sich bringt, wenn er nicht bekämpft wird.

Nach einem meiner Vorträge trat eine Frau an mich heran. Sie erzählte mir, wie ihre ganze Familie durch meine Vorträge über Zwietracht befreit worden war. Sie sagte, nachdem sie mich von der Zwietracht hatte sprechen hören, hatte Gott ihr enthüllt, wie die Zwietracht in ihrer ganzen Familie seit Generationen Zerstörung verbreitet hatte. Ihre Familiengeschichte war voll von Konflikten und Scheidungen, Streit zwischen Brüdern, Streit zwischen Schwestern und Kindern, die ihre Eltern hassten.

Sie hatte die gesamte Kassettensammlung über Zwietracht gekauft und begann, sich intensiv damit zu befassen. Sie lernte schnell, wie sie Zwietracht erkennen und ihr widerstehen konnte. Ihr Leben wurde friedlich und nach und nach wurden auch ihre Verwandten durch dieselbe Wahrheit befreit.

> Wenn ihr bleiben werdet an meinem Wort, so
> seid ihr wahrhaftig meine Jünger und werdet

die Wahrheit erkennen, und die Wahrheit wird euch frei machen (Joh 8, 31–32).

Ich bin davon überzeugt, dass viele, die dieses Buch lesen, die Wahrheit erkennen werden, die den verborgenen Feind Zwietracht aufdeckt. Oft kämpfen die Menschen mit Nichtigkeiten – mit Dingen, die keinen großen Unterschied machen. Wenn Zwietracht hinzukommt, gerät alles außer Kontrolle. Die Menschen werden wütend, aber sie können sich oft nicht einmal daran erinnern, wie es dazu gekommen ist.

In unserem Heim und auch in unserer Arbeit haben mein Mann Dave und ich gelernt, die Merkmale zu erkennen. Dave und ich arbeiten gemeinsam in unserem Werk, und wir müssen viele Entscheidungen treffen. Weil unsere Persönlichkeiten so verschieden sind, denken wir oft unterschiedlich über Dinge oder sehen sie in einem ganz verschiedenen Licht.

Wir besprechen vieles, aber wir können erkennen, wenn unsere Diskussionen von Zwietracht befallen werden. Wir arbeiten hart daran, die Zwietracht aus unserer Beziehung und aus dem Werk herauszuhalten.

Wir haben immer mit Zwietracht zu tun und mit Menschen, die Zwietracht säen. Zwietracht dringt durch einen Menschen ein. Wenn Leute zu uns kommen und in unserem Werk »Leben im Wort« mitarbeiten wollen, sagen wir ihnen während der Schulung, dass wir Zwietracht nicht dulden. Wir ermutigen sie, sich vor Verurteilung und Kritik zu hüten, denn diese öffnen der Zwietracht eine Tür. Wir schulen sie, in Liebe mit anderen Angestellten umzugehen, freigebig mit Barmherzigkeit zu sein und eine Beleidigung oder einen Angriff schnell zu übergehen.

Zwietracht kann Zerstörung in jedem Bereich unseres Lebens bringen. Wenn Sie der Sieger bleiben wollen, lernen Sie, den Geist der Zwietracht zu erkennen und ihn zu bekämpfen. Sie können beginnen, ihn zu bekämpfen, indem Sie beten, aber Sie müssen auch lernen, der Zwietracht zu begegnen, wie es in Epheser 6, 12 steht.

Denn wir haben nicht mit Fleisch und Blut zu kämpfen [also nur mit körperhaften Gegnern umzugehen], sondern mit Mächtigen und Gewaltigen, nämlich mit den Herren der Welt, die in dieser Finsternis herrschen, mit den bösen Geistern unter dem Himmel.

Lernen Sie, gegen Zwietracht zu kämpfen, und weigern Sie sich, ihr Nahrung zu geben. Lernen Sie, die Türen zu erkennen, durch die Zwietracht versuchen wird, in Ihr Leben einzudringen.

2.
WAS DER ZWIETRACHT TÜR UND TOR ÖFFNET

● Drei Tore schwingen oftmals weit auf, um der Zwietracht Einlass in unser Leben zu gewähren. Es ist das Tor unserer Lippen, unseres Stolzes und der Diskussion. Um der Zwietracht zu widerstehen, müssen wir lernen, diese Tore zu verschließen, und wir müssen uns weigern, sie durch die Zwietracht unserem Feind zu öffnen.

Das Tor unserer Lippen

> Auch die Zunge ist ein Feuer, eine Welt voll Ungerechtigkeit. So ist die Zunge unter unsern Gliedern: sie befleckt den ganzen Leib und zündet die ganze Welt an (den Kreislauf der menschlichen Natur) und ist selbst von der Hölle (Gehenna) entzündet (Jak 3, 6).

Falsche Worte oder Worte zur falschen Zeit können ganz sicher ein Feuer entzünden. Je mehr falsche Worte wir wie Öl ins Feuer gießen, desto heller und höher lodert es auf. Mit den Jahren habe ich gelernt zu schweigen. Der einzige Weg, ein Feuer zum Erlöschen zu bringen, ist, ihm den Brennstoff zu entziehen. Hören Sie auf, das Feuer zu schüren.

Viel Streit könnte vermieden werden, wenn sich einer einfach dazu entschließen könnte, nichts mehr zu sagen: »Eine linde Antwort stillt den Zorn; aber ein hartes Wort erregt Grimm« (Spr 15, 1) und »Eine linde Zunge [also ihre heilende Kraft] ist ein Baum des Lebens« (Spr 15, 4). Worte sind Behälter für Macht! Aber sie können entweder kreative oder destruktive Macht beinhalten. Sie haben die Macht Gottes oder die Macht Satans. Eine linde Zunge hat heilende Kraft. Eine linde Antwort bringt Frieden in die größte Unruhe.

Wenn ich Zwietracht am Tor meiner Lippen spüre, achte ich automatisch viel aufmerksamer auf meine Worte. Wenn ich weiterspreche, wähle ich meine Worte sehr sorgfältig aus. Ich bin ganz wachsam auf die Wirkung von Tonfall und Körpersprache.

> Die Lippen des Toren bringen Zank,
> und sein Mund ruft nach Schlägen (Spr 18, 6).

Ich war immer ein ganz besonderer Experte, wenn es darum ging, andere davon zu überzeugen, dass mein Weg der einzig richtige war. Dies führte jedoch dazu, dass ich der Zwietracht Tür und Tor öffnete. Oft musste ich mich zurücknehmen, still sein und Gott vertrauen, dass er die Situation in die Hand nahm. Es ist bedeutend friedvoller, es ihm zu überlassen, die Überzeugungsarbeit zu leisten.

Dave und ich haben gelernt, in diesem Bereich auf Gott zu hören. Es gibt Zeiten, da wir einfach nicht einer Meinung sind. Dave ist in der Regel nicht schwierig. Er ist eigentlich recht anpassungsfähig und kompromissbereit. Aber es gibt gewisse Themen, bei denen wir beide eine sehr feste Meinung haben, und keiner kann den anderen vom Gegenteil überzeugen, außer Gott selbst. Manchmal überzeugt Gott Dave, ein anderes Mal überzeugt er mich. Wenn ich auf einer Sache beharre und versuche, Dave davon zu überzeugen, dann dringt Zwietracht in unser Leben ein. Ich habe gelernt, wenn ich mich unter die mächtige Hand Gottes stelle und auf ihn warte, dann ist er und nur er ganz allein in der Lage, meinen Mann in gewissen Situationen zu überzeugen. Ich habe auf diese Weise viel mehr Frieden, als wenn ich die ganze Zeit meinen eigenen Weg gehen will.

Sprechen Sie durch Weisheit und nicht durch Ihre Gefühle.

> Wer unvorsichtig herausfährt mit Worten,
> sticht wie ein Schwert; aber die Zunge der
> Weisen bringt Heilung (Spr 12, 18).

> Ein Tor zeigt seinen Zorn alsbald; aber wer
> Schmähung überhört, der ist klug (Spr 12, 16).

Wenn uns jemand beleidigt oder unsere Gefühle verletzt, wäre es uns ein Leichtes, unseren verletzten Emotionen Ausdruck zu geben. Aber es wäre viel besser, die Beleidigung zu ignorieren und Gott diesen Menschen zu überlassen.

Es gibt Zeiten, da muss man sich Menschen stellen, aber es ist absolut lebenswichtig, in jeder Situation den Frieden zu bewahren und sensibel für den Geist Gottes zu sein. Manchmal möchte ich mich mit einer Sache nicht befassen, aber Gott lässt mich dann wissen, dass ich es muss. Ein anderes Mal bin ich aufgebracht und will jedem sagen, dass ich mich nicht länger schlecht behandeln oder ausnutzen lassen will. Aber ganz gleich, wie sehr *ich* diesen Menschen zur Rede stellen will, Gott sagt mir beharrlich, ich solle ihn in Ruhe lassen.

Gießen Sie kein Öl ins Feuer und öffnen Sie damit der Zwietracht Tür und Tor. Die Zunge hat die Fähigkeit, in unserem Leben ein schlimmes Feuer zu entfachen. Aber selbst wenn falsche Worte eine Flamme anzünden, können die richtigen Worte – oder kein weiteres Wort – diese Flamme auch wieder auslöschen.

Das Tor des Stolzes

> Unter den Übermütigen ist immer Streit;
> aber Weisheit ist bei denen, die sich raten lassen
> (Spr 13, 10).

Erinnern Sie sich, Streit ist Zwietracht. Dieser Vers sagt uns, dass Zwietracht durch das Tor des Stolzes eintritt. Auch wenn falsche Worte der Zwietracht das Tor geöffnet haben, ist es ein stolzes Herz, das sich weigert still zu sein, um Frieden zu haben. Mein Stolz verlangt, dass ich meine Meinung sage – ich muss das letzte Wort haben.

Stolz kann mich nicht zum Sieg führen. Das Wort Gottes lehrt, dass Stolz mich in die Zerstörung führt. »Wer zugrunde gehen soll, der wird zuvor stolz; und Hochmut kommt vor dem Fall« (Spr 16, 18). Es gibt keine Hoffnung auf Frieden, ohne die Bereitschaft sich selbst zu erniedrigen. Tausende von Ehen werden jedes Jahr geschieden, und das einzige wirkliche Problem in vielen dieser Ehen ist Stolz. Keiner der beiden Partner war bereit zu sagen: »Es tut mir Leid.« Keiner war bereit zu sagen: »Ich habe mich geirrt.«

Obadja 1, 3 sagt uns: »Der Hochmut deines Herzens hat dich betrogen.« Stolz betrügt einen Menschen und lässt ihn denken, er sei im Recht, auch wenn er eigentlich Unrecht hat. Diesen Betrug wollen wir uns im nächsten Kapitel näher ansehen.

Verurteilung, Kritik, Geschwätz und Petzerei ermöglichen der Zwietracht, in unser Leben einzudringen, aber alle sind aus Stolz entstanden. Verurteilung sagt: »Du hast Fehler, ich nicht.«

Ein Beispiel für die durch Stolz und Verurteilung verursachte Zerstörung können wir in Lukas 18, 10–14 finden:

> Es gingen zwei Menschen hinauf in den Tempel, um zu beten, der eine ein Pharisäer, der andere ein Zöllner.
>
> Der Pharisäer stand für sich und betete so: Ich danke dir, Gott, daß ich nicht bin wie die andern Leute, Räuber, Betrüger, Ehebrecher oder auch wie dieser Zöllner.
>
> Ich faste zweimal in der Woche und gebe den Zehnten von allem, was ich einnehme.
>
> Der Zöllner aber stand ferne, wollte auch die Augen nicht aufheben zum Himmel, sondern schlug an seine Brust und sprach: Gott, sei mir Sünder gnädig!
> Ich sage euch: Dieser ging gerechtfertigt hinab in sein Haus, nicht jener. Denn wer sich selbst

erhöht, der wird erniedrigt werden; und wer
sich selbst erniedrigt, der wird erhöht werden.

Denken Sie daran, dass der Stolz uns sogar bis in unser Gebetszimmer verfolgt. Wir glauben womöglich, dass wir über die Fehler eines anderen beten, aber eigentlich handeln wir aus einem kritischen und verurteilenden Geist heraus. Der Geist des Stolzes kann uns für unsere eigenen Schwächen blind machen, während wir versuchen, einen anderen Menschen zu korrigieren.

Das Tor der Diskussion

Die Geschichte berichtet uns, dass die Pharisäer viel Zeit damit verbrachten, über die heilige Schrift zu diskutieren. Eines der Wörter, die im Wörterbuch genannt sind, um Zwietracht zu beschreiben, ist Diskussion.[2] Christen verfangen sich oft in Zwietracht durch Diskussionen über die heilige Schrift. Einer denkt dies, ein anderer denkt etwas anderes. Jeder ist darauf bedacht, seine Meinung durchzusetzen und den anderen davon zu überzeugen. Und schon bald hat der Geist der Zwietracht Einzug gehalten und Beziehungen sind gestört.

Vor einiger Zeit stellten wir drei neue Angestellte ein, alle waren sehr jung und brauchten noch einige Jahre des Wachstums im Glauben. Bald nachdem sie ihre Stelle angetreten hatten, erhielt ich Berichte, dass andere Angestellte in der Abteilung Zwietracht unter den drei neuen Mitarbeitern spürten, als Ergebnis ihrer Diskussionen über verschiedene Abschnitte in der Bibel. Streit, der über die Bibel entsteht, ist oft das Ergebnis geistlichen Stolzes. Dies ist die Art Stolz, die den Herrn am meisten anwidert. Sein Wort lehrt uns zuallererst, dass wir darüber nicht miteinander streiten, diskutieren und kämpfen sollen.

Dave und ich sprachen mit den drei Angestellten und glücklicherweise ließen sie sich problemlos zurechtweisen. Das Tor der Diskussion war geschlossen und die Zwietracht war verschwunden.

Solange wir meinen, wir wüssten *alles*, wissen wir in Wirklichkeit *nichts*. Wenn wir glauben, dass wir immer noch viel zu lernen haben und damit aufhören, unsere Meinung überall zu verbreiten, kommen wir schließlich an den Punkt, an dem das Wissen beginnen kann. Der Apostel Paulus sagte dazu:

> Denn ich hielt es für richtig, unter euch nichts zu wissen (mit nichts bekannt zu sein, das Nichtwissen zu demonstrieren, und mir nichts bewusst zu sein) als allein Jesus Christus (den Messias), den Gekreuzigten (1. Kor 2, 2).

Paulus war nicht nur Pharisäer, sondern er nannte sich selbst sogar »Sohn von Pharisäern« (Apg 23, 6). Er war einer der führenden Pharisäer und außerordentlich gebildet. Und doch sagt er, er würde eher alles vergessen, was er jemals gewusst hat, um »Jesus Christus, den Gekreuzigten« zu kennen. Mit den Jahren habe ich erkannt, dass ich immer wieder mit Jesus ans Kreuz genagelt werden muss, wenn ich ohne Stolz leben will. Ich muss »Jesus Christus, den Gekreuzigten« kennen.

Viel zu oft verstehen wir solche Aussagen wie diese in der Bibel nicht, und wir gehen dann einfach darüber hinweg und verpassen so eine sehr wichtige Lektion. Der Römerbrief sagt, dass wir nicht mit ihm regieren werden, wenn wir nicht mit ihm leiden.

> Sind wir aber [seine] Kinder, so sind wir auch [seine] Erben, nämlich Gottes Erben und Miterben Christi, wenn wir denn mit ihm leiden, damit wir auch mit zur Herrlichkeit erhoben werden (Röm 8, 17).

Nun genieße ich die Herrlichkeit eines friedvollen Lebens, aber ich musste die schwere, leidvolle Lektion lernen, meinen Stolz hinunterzuschlucken und zu schweigen, wenn es mir Gott gebot. Ich musste lernen, wenn ich meinte im Recht zu sein – hatte ich wahrscheinlich Unrecht.

3.
Ich meine, ich habe Recht, aber ich kann mich auch irren

● Der Jakobusbrief lehrt uns Folgendes: Wenn wir Zwietracht in unserem Leben haben und Stolz in unserem Herzen, dann wird der Stolz aufsteigen und uns vormachen, wir wären im Recht, obwohl wir doch eigentlich betrogen wurden.

> Habt ihr aber bittern Neid (Eifersucht) und Streit (Rivalität, Egoismus) in eurem Herzen, so rühmt euch nicht und lügt nicht der Wahrheit zuwider (Jak 3, 14).

Auf eine praktische Ebene verlagert bedeutet das: Dave und ich können uns streiten. Der Stolz wird mich davon überzeugen, dass ich im Recht bin, und die Streiterei und die zornige Atmosphäre ist gerechtfertigt, weil Dave mir nicht zuhören will.

Ich will Ihnen ein Beispiel geben. Eines Abends wollten Dave und ich ein anderes Paar abholen und mit ihnen zusammen zum Essen ausgehen. Wir waren erst einmal bei ihnen gewesen, und seit diesem ersten Besuch war schon eine geraume Zeit vergangen. Auf dem Weg dorthin wandte Dave sich zu mir und sagte: »Ich glaube, ich weiß nicht mehr, wie wir dorthin kommen.«

»Ich aber!«, sagte ich sofort, und wies ihm den Weg.

»Ich glaube nicht, dass das der richtige Weg ist«, meinte er, nachdem er sich meine Wegbeschreibung angehört hatte.

»Dave, nie hörst du auf mich«, rief ich aus. Mein Tonfall und meine Körpersprache gaben ihm unmissverständlich zu verstehen, dass ich es nicht mochte, von ihm herausgefordert zu werden. Auf mein Drängen gab er nach und folgte meiner Wegbeschreibung. Ich sagte ihm, sie wohnten in einem braunen Haus in einer Sackgasse am Ende der Soundso-Straße. Während wir fuhren, wies ich ihm an jeder Kreuzung die Richtung.

Als wir in die Straße einbogen, in der ich dachte, dass sie wohnten, bemerkte ich ein Fahrrad, das auf dem Bürgersteig lag.»Ich weiß, das ist die richtige Straße«, sagte ich, »denn ich erinnere mich, dass dieses Fahrrad beim letzten Mal auch hier lag!« Ich war davon überzeugt, dass ich Recht hatte!

Stolz und Betrug gehen immer zusammen einher. Wir fuhren bis ans Ende der Straße und – raten Sie mal! Da war kein braunes Haus! Keine Sackgasse! Ich hatte mich so getäuscht, wie es nur möglich war.

Waren Sie schon einmal absolut sicher, dass Sie mit etwas Recht hatten? Ihr Gedächtnis schien ein ganzes Lager von Fakten und Details zu haben, die bewiesen, dass Sie im Recht waren – aber am Ende hatten Sie doch Unrecht. Gott benutzt Erfahrungen wie diese, um uns zu zeigen, wie eine hochmütige Einstellung der Zwietracht die Tür öffnet und sie begrüßt.

Wenn Dave und ich in solchen Situationen sind, hat Gott uns in die Lage versetzt zu sagen:»Ich meine, ich habe Recht, aber ich kann mich auch irren.« Es ist absolut erstaunlich, wie viele Auseinandersetzungen wir so in den letzten Jahren vermieden haben, nur durch diesen einfachen Akt der Demut.

Gläubige sollen Zwietracht vermeiden.

> Ein Knecht des Herrn aber soll nicht streitsüchtig
> sein, sondern freundlich gegen jedermann, im
> Lehren geschickt, der Böses ertragen kann
> (2. Tim 2, 24).

Eine nähere Betrachtung des diesem Vers vorangehenden Verses gibt uns einen Einblick darüber, »wie« man Zwietracht vermeidet.

> Aber die törichten und unnützen (die von
> schlechter Information zeugen, unerbauliche,

dumme) Fragen weise zurück (verschließe
deinen Geist dagegen, habe nichts damit zu tun);
denn du weißt, daß sie nur Streit erzeugen
(V. 23).

Ich glaube, der Vers besagt Folgendes: »Halten Sie sich fern von Gesprächen, wo niemand weiß, wovon er spricht, und wo jeder über nichts streitet.« So oft streiten Menschen über Dinge, die für niemanden von Bedeutung sind. Beachten Sie den Begriff *unnütz* in Vers 23. Er bezeichnet Dinge, die so unwichtig sind und von absolut keiner Bedeutung, wenn man sie mit Dingen vergleicht, die wirklich wichtig sind.

Früher hätten Dave und ich darüber gestritten, welche Schauspieler oder Schauspielerinnen in einem Film oder in einer Fernsehsendung, die wir uns ansahen, spielten. Es schien mir, dass Dave meinte, die Hälfte der Charaktere in Filmen wurden von Henry Fonda gespielt.

»Oh, sieh mal«, rief er aus, als wir uns einen Film im Fernsehen ansahen. »Henry Fonda spielt in diesem Film mit.«

»Das ist nicht Henry Fonda«, erwiderte ich, und schon waren wir mitten in Streit, Gezanke und Zwietracht. Fest entschlossen herauszufinden, wer Recht hatte, blieben wir viel länger auf, als wir sollten, damit wir den Abspann am Ende des Films sehen konnten, und damit einer von uns sagen konnte: »Hab' ich dir doch gleich gesagt!«

Inmitten einer dieser Auseinandersetzungen sprach Gott in mein Herz hinein. Er zeigte mir, wie unnütz unser Tun war, verglichen mit der Arbeit am Reich Gottes, zu der Gott Dave und mich berufen hatte. Er zeigte mir, dass es genau das war, was Timotheus uns zu vermeiden auffordert.

In den verschiedensten Vorträgen habe ich diese Bibelstelle schon verwendet, und die Menschen freuen sich immer, wenn ich aus der Amplified Bible-Übersetzung[1] zitiere. In vielen Situationen weiß kaum jemand, wovon eigentlich die Rede ist – aber jeder meint, er wüsste es. Stolz trachtet verzweifelt danach, intelligent zu erscheinen. Das Ergebnis ist, dass der Teufel durch Zwietracht gewinnt.

Warum trachten die Menschen so verzweifelt danach, Recht zu haben? Warum ist es so schwierig, im Unrecht zu sein? Warum ist es so wichtig, Recht zu haben? Jesus wurde ständig irgendwelcher Missetaten beschuldigt, obwohl er nicht ein einziges Mal den Versuch unternommen hatte, sich zu verteidigen. Er ließ die Menschen in dem Glauben, dass er im Unrecht war, und es störte ihn überhaupt nicht. Er konnte so handeln, weil er wusste, wer er war. Er hatte kein Problem mit seinem Selbstbild. Er versuchte nicht ständig, irgendetwas zu beweisen. Er vertraute darauf, dass ihn sein himmlischer Vater rechtfertigen würde. Über viele Jahre hinweg fühlte ich mich so schlecht bei dem Gedanken, »wer« ich war. Damit ich überhaupt von mir überzeugt sein konnte, musste ich denken, dass ich immer im Recht war. Ich erstritt mir förmlich mein Recht und wagte sehr viel, um es auch zu beweisen.

Irgendjemand forderte mich immer heraus. Ich war ständig frustriert, weil ich immer versuchte, jeden davon zu überzeugen, dass ich wusste, wovon ich sprach. Welch wunderbare Freiheit ist es doch, dies nicht länger tun zu müssen. Jesus kam, um die Gefangenen zu befreien. Menschen, die über Nichtigkeiten streiten, nur um zu beweisen, dass sie Recht haben, sind ganz sicher nicht frei.

Als meine Persönlichkeit in Christus verwurzelt und auf sein Fundament gestellt wurde, erlebte ich eine viel größere Freiheit auf diesem Gebiet. Mein Wert und mein Nutzen hängen nicht davon ab, ob ich in den Augen anderer Menschen im Recht bin. Sie gründen sich vielmehr auf der Tatsache, dass Jesus mich so sehr liebte, dass er für mich gestorben ist und mich in eine persönliche Beziehung mit Gott gebracht hat.

Nach und nach wurde mir klar, dass Einigkeit und Harmonie eine große geistliche Kraft freisetzen.

4.
Einigkeit und Harmonie setzen geistliche Kraft frei

● Es gibt keine wahre geistliche Kraft ohne Einigkeit und Harmonie. Eine große Kraft zeigt sich in und durch das Leben der Gläubigen in der Apostelgeschichte. Im zweiten Kapitel erfahren wir den Grund dafür: »Und sie waren täglich einmütig beieinander im Tempel« (V. 46). Sie hatten dieselbe Vision, dasselbe Ziel und alle drängten zu demselben Zeichen. »Als sie das hörten, erhoben sie ihre Stimme einmütig zu Gott« (Apg 4, 24).

Sie beteten einmütig (Apg 4, 24), lebten in Harmonie (Apg 2, 44), kümmerten sich um einander (Apg 2, 46), sorgten füreinander (Apg 4, 34), und lebten im Glauben (Apg 4, 31). Die frühe Gemeinde, wie sie in der Apostelgeschichte beschrieben wird, lebte in Einigkeit – und handelte so mit großer Kraft. Aber die Kraft der Gemeinde ist geschwunden, als sich die Gemeinde in verschiedene Splittergruppen mit unterschiedlichen Auffassungen teilte. Gott hatte niemals unterschiedliche Konfessionen im Sinn gehabt. Menschen, die sich wegen ihres Stolzes und anderer damit verbundener Probleme nicht einigen konnten, waren der Grund für die Teilung der Gemeinde in viele verschiedene Gruppen.

Ich habe mir überlegt, wenn wir Jesus von Angesicht zu Angesicht gegenüberstehen und ihn fragen, wer Recht hat, dann werden wir herausfinden, dass keiner von uns 100% im Recht war. Nur die Liebe hält die Menschen in Einigkeit und Harmonie zusammen – Liebe und ein fester Entschluss, alles zu tun, was notwendig ist, um in Frieden zu leben.

Paulus drängte die Menschen, ein harmonisches Leben zu führen.

> So macht meine Freude dadurch vollkommen,
> dass ihr eines Sinnes seid, gleiche Liebe habt,
> einmütig und einträchtig seid (Phil 2, 2).

Stellen Sie sich nur einmal vor, welch herrliches, von Freude erfülltes Leben wir führen könnten, und welche Kraft denjenigen zuteil wird, die den Preis bezahlen, um so zu leben, wie Jesus es uns gelehrt hat.
Was meine ich mit »den Preis bezahlen«? Sehen wir uns den folgenden Vers an:

> Tut nichts aus Eigennutz [durch Streitsucht,
> Zwietracht, Egoismus oder mit unlauteren
> Absichten] oder um eitler Ehre willen, sondern
> in Demut (Niedrigkeit des Geistes), achte einer
> den andern höher als sich selbst [einen anderen
> für besser halten als sich selbst] (V. 3).

Dies kann nicht geschehen ohne die Bereitschaft, Gott in jeder Situation zu gehorchen, in der sich die Gelegenheit für Zwietracht bietet. Der Heilige Geist führt uns zum Frieden – nicht ins Chaos. Der Wille Gottes für sein Volk ist, dass es in der Kraft wandle, aber es gibt keine wahre geistliche Kraft ohne Frieden.
Paulus drängt auch die Epheser, ein harmonisches Leben zu führen.

> ... daß ihr der Berufung würdig lebt in aller
> Demut und Sanftmut (ohne Egoismus, freund-
> lich, sanft), in Geduld. Ertragt einer den andern
> in Liebe und seid darauf bedacht, zu wahren die
> Einigkeit im [und durch den] Geist durch das
> Band des Friedens (Eph 4, 2–3).

Paulus lehrt die Gläubigen in Ephesus, ein harmonisches Leben zu führen. Zu diesem Zweck müssen sie einander Zugeständnisse machen und die Fehler der anderen übersehen. Der einzige Weg, dies zu erreichen, ist durch die Liebe.

Zwietracht ist das Ergebnis von Egoismus. Sie resultiert aus unserer Suche, uns selbst zu gefallen – um jeden Preis. Wenn es nicht unter der Kontrolle des Heiligen Geistes steht, tut das Fleisch alles, was in seiner Macht steht, um Dinge auf seine Weise zu erreichen: »Gib mir, was ich will, wann ich es will, wie ich es will, und das sofort!« Das ist der Schrei des Menschen, der fern vom Geist Gottes ist. Um in Harmonie zu leben, müssen wir bereit sein, sofort und immer zu vergeben. Wir dürfen nicht schnell beleidigt sein. Wir müssen freigebig mit Barmherzigkeit sein, und wir müssen langmütig (geduldig) sein.

Hunger nach Frieden

Ich bete darum, dass Sie bis zum Ende dieses Buches so hungrig nach Frieden sind, dass Sie alles tun werden, was nötig ist, um die Zwietracht aus Ihrem Leben zu verbannen. Das Wort Gottes lehrt, ermutigt und drängt die Gläubigen, die Zwietracht aus ihrem Leben zu verbannen und in Frieden zu leben. Warum tut es das? Weil Gott will, dass wir ein gesegnetes, kraftvolles Leben führen, und das ist nicht möglich ohne Frieden.

Paulus sagt uns, dass unser einziges Streben sein soll, die Harmonie in unserem Leben zu bewahren (siehe 2. Kor 13, 11). Wenn Sie nach etwas streben wollen, dann streben Sie danach, die Zwietracht aus Ihrem Leben herauszuhalten. Mit anderen Worten, seien Sie eifrig. Tun Sie alles, was notwendig ist, um Ihr Leben von der Zwietracht zu befreien. Ihre Lebensqualität wird durch Zwietracht enorm verändert.

Friede bindet uns an den heiligen Geist. Der Geist Gottes ist ein Geist des Friedens. Jesus ist der Friedensfürst. Als er bereit war, in den Himmel aufzufahren, sagte er seinen Jüngern:

> Den Frieden lasse ich euch, meinen [eigenen] Frieden gebe ich euch. Nicht gebe ich euch, wie die Welt gibt. Euer Herz erschrecke nicht und fürchte sich nicht. [Lasst euch nicht länger verwirren und aus der Fassung bringen; und laßt

nicht zu, dass Ihr Euch fürchtet und eingeschüchtert, feige und ruhelos seid] (Joh 14, 27).

Nach seiner Auferstehung erschien Jesus seinen Jüngern. Das zwanzigste Kapitel des Johannesevangeliums erzählt uns von seinen Erscheinungen bei den Jüngern. »Jesus trat mitten unter sie und spricht zu ihnen: Friede sei mit euch!« (V. 19). »Da sprach Jesus abermals zu ihnen: Friede sei mit euch!« (V. 21). Auch als seine Jünger hinter verschlossenen Türen waren, stand Jesus plötzlich mitten unter ihnen und sagte: »Friede sei mit euch!« (V. 26). Ich denke, es ist offensichtlich, dass Jesus zu ihnen sagte: »Bleibt im Frieden!« Andere Verse fordern uns dazu auf: »Frieden zu halten« (2. Kor 13, 11).

Jesus gab uns Frieden, aber er wird uns ganz gewiss aus den Fingern gleiten, wenn wir nicht fest entschlossen sind, daran festzuhalten.

Kürzlich erhielt ich einen Brief von einem Paar, das an einer unserer Versammlungen in Florida teilgenommen hatte. Nach siebenundzwanzig Jahren war die Fessel der Zwietracht gesprengt worden. Obwohl sie Christen waren, die einander liebten, hatten sie jedoch niemals Frieden in ihrer Beziehung gehabt. Sie zankten, stritten und schienen nicht miteinander klarzukommen. Sie berieten andere Christen in ihrer Gemeinde, aber sie lebten in Verdammung, weil sie in ihrem eigenen Leben nicht das tun konnten, was sie andere lehrten.

In dem Brief hieß es: »Wir haben einen Durchbruch erzielt durch Ihren Vortrag über Zwietracht. Wir haben niemals gewusst, was eigentlich unser Problem war. Aber nun wissen wir es, und durch diese Enthüllung können wir nun als Sieger leben.«

> Besser ein trockner Bissen mit Frieden als ein
> Haus voll Geschlachtetem mit Streit (Spr 17, 1).

Gott ist nicht erfreut oder zufrieden mit frommen Opfern in einem Haus, in dem Zwietracht herrscht. Viele Jahre hindurch, bevor wir die Wahrheit über die Zwietracht entdeckt hatten, war unser Haus eines, in dem fromme Opfer dargebracht wurden, in dem aber Zwietracht herrschte. Wir taten eine Menge frommer oder geistlicher Dinge, aber der Friede in unserem Haus fehlte.

Ich erinnere mich daran, dass wir sonntagmorgens den ganzen Weg zur Kirche stritten, und uns fromm benahmen, sobald wir Leute trafen, die wir kannten. Ich denke, wir haben alle ein »Gemeindegesicht« übergestreift – ein Gesicht, das sich so sehr von unserem Gesicht unterscheidet, das wir zu Hause tragen. Wir entdecken sehr schnell, dass Gott nicht nach unechten Christen Ausschau hält. Er will das Echte! Nicht einfach nur Menschen, die »das Richtige reden«, sondern die, die »auf dem richtigen Weg sind«.

Zu jener Zeit sprachen wir über Macht, Wohlstand, Heilung und Erfolg, aber all dies hatten wir selbst nicht. Es war wie ein Schaufensterbummel. Wir konnten die Dinge sehen, aber wir wussten nicht, wie wir sie bekommen konnten. Dann enthüllte uns Gott Folgendes: Wo Zwietracht ist, wird es keine Macht oder Wohlstand geben.

5.
Welchen Einfluss hat Zwietracht auf Wohlstand?

● Im Wort Gottes finden wir viele Zusagen, dass er uns segnet und uns Wohlstand verheißt. Gott ist treu und hält sich an sein Wort, aber er macht seine Zusagen oft von unserer Antwort abhängig:

> Denn Gott ist treu (zuverlässig, vertrauenswürdig, und deshalb immer treu zu seiner Verheißung, und man kann sich auf ihn verlassen], durch den ihr berufen seid zur Gemeinschaft seines Sohnes Jesus Christus, unseres Herrn. Ich ermahne euch aber, liebe Brüder, im Namen unseres Herrn Jesus Christus, daß ihr alle mit einer Stimme redet und laßt keine Spaltungen unter euch sein, sondern haltet aneinander fest in einem Sinn und in einer Meinung. Denn es ist mir bekannt geworden über euch, liebe Brüder, durch die Leute der Chloë, daß Streit [Zwietracht] unter euch ist (1. Kor 1, 9–11).

Wir lesen gern die Zusagen Gottes, aber ohne die »Wenns« und »Abers«. In diesem Brief sagt Paulus, dass Gott treu zu seinen Verheißungen steht, aber wir müssen miteinander auskommen. Die Korinther waren Menschen wie wir, Menschen, die miteinander in Beziehung standen, die sich über Nichtigkeiten stritten, die sie besser hätten links liegen lassen sollen.

> Ich meine aber dies, daß unter euch der eine
> sagt: Ich gehöre zu Paulus, der andere: Ich zu
> Apollos, der dritte: Ich zu Kephas (Petrus), der
> vierte: Ich zu Christus (V. 12).

Es klingt für mich, als ob sich in unseren heutigen Auseinandersetzungen einfach nur die Namen geändert haben. Heute hören wir: »Ich bin Katholik, ich bin Lutheraner, ich bin Baptist oder Pfingstler oder Charismatiker.« Lesen Sie weiter in Vers 13.

> Wie? Ist Christus (der Messias) etwa zerteilt? Ist
> denn Paulus für euch gekreuzigt? Oder seid ihr
> auf den Namen des Paulus getauft?

Paulus forderte die Korinther auf, sich an Christus zu orientieren – nicht auf Menschen. Wir müssen dasselbe tun. Manchmal sind wir so besorgt darum, was der andere tut, dass wir Jesus darüber völlig vergessen.

Die Verheißungen Gottes sind wahr. Er ist treu, aber er bittet uns, miteinander auszukommen. Diejenigen, die bereit sind, den Preis zu bezahlen, werden im Überfluss gesegnet sein.

Das Gebet der Einigkeit

> Wahrlich, ich sage euch auch: Wenn zwei unter
> euch eins werden auf Erden (miteinander in
> Harmonie leben, harmonisch zusammenspielen), worum [alles und jedes] sie bitten wollen,
> so soll es ihnen widerfahren von meinem Vater
> im Himmel (Mt 18, 19).

Ich kann mich erinnern, als Dave und ich das Gebet der Einigkeit sprachen, sahen wir nicht die mächtigen Ergebnisse, die dieses Gebet haben sollte. Als Gott das Problem der Zwietracht in unserem Leben aufdeckte, wurde mir klar, dass Gott das Gebet der Einigkeit erhörte, wenn es von Menschen gebetet wurde, *die sich einig waren.* Unser Gebet hatte keine Kraft, wenn wir die Hände falteten, unseren Kopf senkten und gemeinsam vor Gott hintraten, um ihn anzurühren, nachdem wir uns die ganze Woche über gestritten hatten.

Das Gebet der Einigkeit funktioniert nicht, wenn es jemand spricht, der über den Pfarrer tratscht, dann krank wird und den Pfarrer bittet, mit ihm gemeinsam um ein Wunder an seinem Körper zu beten. Die Erläuterung in der Amplified Bible gibt an, dass das Gebet nur wirksam ist, wenn es von denen gebetet wird, die »miteinander in Harmonie leben und harmonisch zusammenspielen« (V. 19).

Gott gab mir ein hervorragendes Beispiel zur Harmonie, während ich in einer Kirche Dienst tat. Ich bat das gesamte Anbetungsteam, noch einmal nach vorn zu kommen und ein Lied ihrer Wahl zu singen und zu spielen. Ich wusste natürlich, dass sie alle ein anderes Lied auswählen würden, weil ich keine Anweisungen gegeben hatte, welches Lied sie singen oder spielen sollten. Als sie dann sangen und spielten, klang es ganz fürchterlich! Da war keine Harmonie.

Dann bat ich sie »Jesus liebt mich« zu spielen. Es klang süß, besänftigend und wunderbar tröstlich. Ich brachte dieses Beispiel auf den Punkt, dass Disharmonie Lärm in Gottes Ohren ist, dass aber ein Leben in Harmonie einen süßen Klang hervorbringt. Der Herr schätzt unsere Entscheidung und unser Opfer, in Einigkeit zu leben, und er fordert uns auf, in Einigkeit für ein Bedürfnis zusammenzukommen, und er wird dieses Gebet erhören. Es steckt große Kraft in der Einigkeit! Und es steckt große Schwäche in der Zwietracht!

Blockieren Sie nicht die Segnung Gottes

> Siehe, wie fein und lieblich ist's, wenn Brüder einträchtig beieinander wohnen! Es ist wie das feine Salböl auf dem Haupte Aarons [der erste Hohepriester], das herabfließt in seinen Bart, das herabfließt zum Saum seines Kleides [und damit den ganzen Körper weiht], wie der Tau, der vom Hermon herabfällt auf die Berge Zions! Denn

dort verheißt der HERR den Segen und
Leben bis in Ewigkeit [auf die Hohen und
die Niedrigen] (Ps 133).

Ich liebe diesen Psalm. Er bestätigt, was ich versuche zu lehren. Er ist gut. Er ist angenehm. Das Leben ist schön, wenn Menschen in Einigkeit leben und die Zwietracht aus ihrem Leben verbannen. Es gibt nichts Schlimmeres als ein Haus oder eine Beziehung, in der eine von Zorn beherrschte Atmosphäre der Zwietracht herrscht.

Wo Einigkeit und Harmonie ist, wird Gott segnen.

Sicherlich können Sie nicht mit jedem einzelnen Menschen, den Sie kennen, in Frieden leben. Aber fürchten Sie sich nicht, dass Gott Sie nicht segnen könnte. Die Schrift sagt: »Ist's möglich, so viel an euch liegt, so habt mit allen Menschen Frieden« (Röm 12, 18). Wenn Sie ein Friedensstifter sind, wird Gott sie segnen, so wie er auch Abraham gesegnet hat.

Wir wissen aus der Bibel, dass Abraham ein sehr reicher Mann war: »Abram aber war sehr reich an Vieh, Silber und Gold« (1. Mose 13, 2). Aber wir wollen uns einmal einen der Gründe ansehen, warum Reichtum und Wohlstand in sein Leben geflossen sind.

Und das Land konnte es nicht ertragen, dass sie
beieinander wohnten; denn ihre Habe war groß,
und sie konnten nicht beieinander wohnen.
Und es war immer Zank zwischen den Hirten
von Abrams Vieh und den Hirten von Lots Vieh.
Es wohnten auch zu der Zeit die Kanaaniter und
Perisiter im Lande [was es schwieriger machte,
genügend Futter für die Tiere zu bekommen].
Da sprach Abram zu Lot: Laß doch nicht Zank
sein zwischen mir und dir und zwischen meinen
und deinen Hirten; denn wir sind Brüder
(1. Mose 13, 6–8).

Das Erste, was wir sehen, ist, dass Abram (der später von Gott den Namen Abraham erhielt) sehr unnachgiebig mit der Zwietracht umging. Manche Menschen sind der Auffassung, dass die Zwietracht, die zwischen anderen in ihrer Gruppe oder unter ihrer Leitung herrscht, nicht ihr Problem sei. Ich habe gelernt, wenn nur zwei meiner Angestellten in Zwietracht miteinander stehen und ich nichts dagegen unternehme, dann wird sich die Zwietracht in der ganzen Organisation ausbreiten. Gute Anführer müssen sich mit dem Thema Zwietracht auseinandersetzen.

Unruhe im Hintergrund wird immer sichtbare Probleme verursachen. Manche Menschen bringen die täglichen Schwierigkeiten nicht mit der versteckten Zwietracht in Verbindung, weil sie sich der Gefahren, die die Zwietracht mit sich bringt, nicht bewusst sind. Sie können ständig den Teufel tadeln und versuchen, ihren Schwierigkeiten zu widerstehen. In Wirklichkeit aber wird das Problem erst dann aus der Welt geschafft, wenn die Zwietracht verbannt ist und nicht mehr zugelassen wird.

Abram wusste das offensichtlich, und deshalb war er so unnachgiebig gegenüber der Zwietracht. Zwietracht herrschte zwischen Abrams und Lots Angestellten (ihren Hirten). Abram muss gewusst haben, dass sie sich ausgebreitet hätte, bis sie schließlich seine persönliche Beziehung zu Lot beeinflusst hätte, und das wollte er nicht. Wenn Sie ein Anführer sind, haben Sie eine Verantwortung, sich mit den Leuten unter ihrer Leitung zu befassen, die in Zwietracht leben.

Ich bin es leid, mich ständig mit derselben Sache befassen zu müssen. Einmal sagte ich zu Dave: »Wann kommen wir endlich an den Punkt, dass wir uns nicht ständig mit irgendetwas oder irgendjemandem beschäftigen müssen?«

»Niemals«, antwortete er.

Heute ist es für mich nicht mehr ein so großes Problem, wenn ich mich ständig mit denselben Dingen befassen muss, weil ich mich davon nicht mehr verrückt machen lasse. Ich befasse mich damit nach besten Kräften und vertraue darauf, dass Gott mir hilft, die Menschen so zu behandeln, wie er es tun würde.

Als Gott begann, sich mit Dave und mir zu befassen, weil wir in den hauptamtlichen Missionsdienst treten sollten, erzählte er uns von Dingen, die wir erlebt hatten und mit denen wir gute Erfahrungen gemacht hatten. Er sagte: »Haltet die Zwietracht aus eurem Leben, eurem Heim und aus eurem Dienst heraus. Seid vertrauenswürdig und tut das, was ihr tut, hervorragend.« Das war vor vielen Jahren. Wir haben erlebt, wie viele Werke entweder scheiterten oder nicht über das Anfangsstadium herauskamen, weil sie in einem oder in allen drei dieser Bereiche scheiterten.

Zwietracht ist ein Killer! Sie tötet die Segnungen, den Wohlstand, den Frieden und die Freude. Halten Sie sie aus Ihrem Leben heraus! Seien Sie fest entschlossen, dass die Zwietracht Ihnen nicht das nimmt, was Ihnen als Kind Gottes rechtmäßig zusteht.

Gott sagte einige mächtige Worte zu Abram und Abram war offensichtlich fest entschlossen, die Zwietracht nicht in sein Lager zu lassen. Ich glaube, dass Gott Ihnen die Erkenntnis geben wird, während Sie dieses Buch lesen.

Sie mögen sich fragen, warum es Ihrem Dienst an Kraft mangelt und er nicht wächst. Haben Sie Zwietracht in Ihrer Ehe, Ihrem Heim oder Ihrer Arbeit? Beteiligen Sie sich an Zwietracht in Ihrer Gemeinde oder an Ihrer Arbeitsstelle? Sie müssen die Zwietracht wie eine gefürchtete Seuche behandeln. Tun Sie alles, was Ihnen möglich ist, um sie daran zu hindern, Ihnen nahe zu kommen.

Wie ging Abram mit der Situation um, als sich die Zwietracht zwischen seinen Hirten und Lots Hirten erhob? Lot und Abram mussten sich trennen, so dass jeder genügend Land für seine Herden hatte. Nehmen wir an, zwei Firmen teilen sich die gleiche Bürofläche und beide wachsen. Nach einer Weile werden beide Firmen feststellen, dass ihre Angestellten sich um Platz, Büromaschinen, Anlagen und Lieferungen streiten.

Sie sind wahrscheinlich in den geteilten Räumen gut miteinander ausgekommen, als beide noch klein waren, aber nun ist es Zeit, dass eine von beiden auszieht. Andernfalls wird keine von beiden weiter wachsen können. Es ist genauso wie mit zwei Pflanzen in einem Blumentopf. Wenn sich die Wurzeln ausbreiten, und kein weiterer Platz zum Wachsen vorhanden ist, werden beide Pflanzen in dem kleinen Topf nicht gedeihen können.

Abram erniedrigte sich selbst und überließ Lot die erste Wahl des vorhandenen Landes. Mir scheint es interessant, dass er es tat, denn hätte Abram Lot nicht in seine Segnung mit einbezogen, Lot hätte womöglich nichts gehabt. Abram brachte Lot mit und teilte mit ihm, was er hatte. Wir wollen uns einmal Abrams Antwort ansehen.

> Steht dir nicht alles Land offen? Trenne dich doch von mir! Willst du zur Linken, so will ich zur Rechten, oder willst du zur Rechten, so will ich zur Linken. Da hob Lot seine Augen auf und besah die ganze Gegend am Jordan. Denn ehe der HERR Sodom und Gomorra vernichtete, war sie wasserreich, bis man nach Zoar kommt, wie der Garten des HERRN, gleichwie Ägyptenland. Da erwählte sich Lot die ganze Gegend am Jordan und zog nach Osten. Also trennte sich ein Bruder von dem andern (1. Mose 13, 9–11).

Dies war eine potentiell explosive Situation. Hier war eine Gelegenheit für die Zwietracht, die ja bereits die Hirten befallen hatte, auch auf Abram und Lot überzuspringen. Abram reagierte in dieser Situation mit großer Weisheit, aber sie erforderte Demut und Vertrauen, dass Gott sich um seine Zukunft kümmerte, damit er so handeln konnte. Zunächst ließ er Lot das Land seiner Wahl aussuchen. Wie hätte Lot zornig werden können, wenn Abram so liebevoll und rücksichtsvoll ihm gegenüber war? Natürlich wählte Lot das beste Stück Land aus – das gut bewässerte, fruchtbare Jordantal. Egoistisch nahm er das Beste für sich selbst und nahm keine Rücksicht auf Abram. Sehen Sie sich das Ergebnis an.

> Abram wohnte im Lande Kanaan und Lot in den Städten am unteren Jordan. Und Lot zog mit seinen Zelten bis nach Sodom. Aber die Leute zu Sodom waren böse und sündigten sehr wider den HERRN. (1. Mose 13, 12–13).

Lot zog in ein Chaos. Egoismus führt immer zu Schwierigkeiten. Und nun wollen wir untersuchen, was Abram von diesem Handel hatte.

> Als nun Lot sich von Abram getrennt hatte, sprach der HERR zu Abram: Hebe deine Augen auf und sieh von der Stätte aus, wo du wohnst, nach Norden, nach Süden, nach Osten und nach Westen. Denn all das Land, das du siehst, will ich dir und deinen Nachkommen geben für alle Zeit und will deine Nachkommen machen wie den Staub auf Erden. Kann ein Mensch den Staub auf Erden zählen, der wird auch deine Nachkommen zählen. Darum mach dich auf und durchzieh das Land in die Länge und Breite, denn dir will ich's geben (1. Mose 13, 14–17).

Abram brach auf, oder »säte«, wozu er den Auftrag hatte, um die göttlichen Prinzipien zu befolgen. Und die Saat des Gehorsams ging auf und Abram erntete die Verheißung Gottes, dass er ihm alles geben wollte, was sein Auge sah. Abram vertraute Gott, der ihn für seinen Gehorsam belohnte. Das können wir auch!

6.
Gott vertrauen und belohnt werden

● Wir können unser eigenes Leben leben und für uns selbst sorgen, oder wir können auf Gott vertrauen, dass er für uns sorgt. Wenn wir in eine Beziehung zu Gott eintreten, wird Gott für uns sorgen! Wir können uns von unserer Selbstversorgermentalität zurückziehen.

Jahrelang habe ich mich geistig, emotional und körperlich verausgabt, um selbst für mich zu sorgen. Weil ich als Kind körperlich und emotional von Menschen missbraucht worden war, die eigentlich für mich hätten sorgen müssen, und dann wieder während meiner ersten Ehe, dachte ich, dass es sicherer sei, wenn man für sich selbst sorgt, als wenn man davon abhängig ist, dass jemand anders es tut.

Bevor sie in eine Beziehung zu Jesus eintreten, sind viele Menschen nicht in der Lage, anderen zu vertrauen, aufgrund vergangener Verletzungen in ihrem Leben. Gott ist nicht wie wir Menschen. Wir können ihm vertrauen! Psalm 23, 6 sagt uns: »Gutes und Barmherzigkeit werden mir folgen mein Leben lang.«

Gott wartet, bis wir aufhören, für uns selbst zu sorgen, und unser Vertrauen und unsere Zuversicht in seine Hand legen. Abram hatte sich dafür entschieden, in Liebe zu handeln, um die Zwietracht fern zu halten. Er vertraute auch auf Gott, dass er für ihn sorgte, anstatt zu versuchen, für sich selbst zu sorgen. Hätte er versucht sicherzustellen, dass er gerecht behandelt wurde, hätte er Lot nicht zugestanden, sich als Erster sein Land auszusuchen.

Die Gefahr der Selbstversorgermentalität

In meinem eigenen Leben habe ich entdeckt, dass es sehr schwierig ist, Gott zu gehorchen und meinen Nächsten zu lieben, wenn mein vorrangiges Interesse darin besteht, dass »ich« keinen Schaden nehme oder ausgenutzt werde. Wie beruhigend ist es, wenn man sich der besonderen Fürsorge Gottes sicher sein kann: »Alle eure Sorge [alle eure Ängste, eure Sorgen, eure Besorgnisse, ein für alle Mal] werft auf ihn; denn er sorgt für euch« (1. Petr 5, 7). Dies ist ein wunderbarer Vers! Das Bemühen, für sich selbst zu sorgen, ist eine der grundlegendsten Ursachen für Zwietracht.

Jesus vertraute darauf, dass sein Vater für ihn sorgen würde, selbst wenn es schlecht um ihn stand.

> ...der nicht widerschmähte, als er geschmäht wurde, nicht [Rache an-] drohte, als er litt, er stellte es [sich selbst und alles andere] aber dem anheim, der gerecht richtet (1. Petr 2, 23).

Wenn unsere Beziehungen und äußeren Umstände außer Kontrolle zu sein scheinen oder wenn andere uns verletzen oder uns ausnutzen, dann haben wir von Natur aus das Bestreben, alles zu unseren Gunsten zu regeln. Gott will uns Gutes tun und darum müssen wir es ihm anvertrauen. Das Wort Gottes enthält viele Verheißungen, und sie alle werden durch den Glauben in Gang gesetzt. Paulus spricht von dem »Maß des Glaubens«, das jedem gegeben wird (Röm 12, 3). Wir haben den Glauben als eine Gabe Gottes. Er wächst und entwickelt sich in dem Maße, wie wir ihn praktizieren. Was wir mit dem Glauben machen – wo wir ihn pflanzen – ist unsere Sache.

Wenn ich mich dafür entscheide, meinen Glauben (Vertrauen und Zuversicht) in mich selbst zu setzen, dann ist es mein freies Recht, das zu tun. Dennoch werde ich schnell die Erfahrung machen, dass eine Selbstversorgermentalität keine übernatürlichen Resultate hervorbringen kann. Wir brauchen aber diese in unserem Leben. Wir können sie erzielen, indem wir Gott Gott sein lassen.

Gott ist ein Gentleman und wird nicht einfach unser Leben in die Hand nehmen, ohne darum gebeten zu werden. Das Gesetz des Glaubens, das in 1. Petrus 5, 7 erwähnt wird, lautet so: Sie hören auf zu versuchen, für sich selbst zu sorgen, und überlassen es Gott, für sie zu sorgen! Der Proviant Gottes ist immer verfügbar, aber aufgrund unserer mangelnden Bereitschaft, von unserer Selbstversorgermentalität loszulassen, werden wir niemals darauf einen Zugriff haben.

Immer wieder lehrt uns das Wort Gottes, dass Gott unser Heil, unser Schutz und unsere Belohnung ist (siehe Ps. 27, 1; 59, 10; Mt. 22, 44). Er bringt Gerechtigkeit und Wiedergutmachung in unser Leben (siehe 5. Mose 32, 35; Ps. 89, 14). Abram vertraute Gott und Gott belohnte ihn. Gott brachte Gerechtigkeit. Er gab Abram so viele Nachkommen, dass er sie nicht zählen konnte. Er gab ihm mehr Land, als er jemals besessen hatte.

Lot, auf der anderen Seite, versuchte, für sich selbst zu sorgen, indem er für sich das Beste auswählte. Er handelte so, wie es den Menschen angeboren ist. Die Menschen in dem Land, das er sich erwählt hatte, waren außerordentlich böse. Er erlebte Verwüstung, weil er bei seiner Wahl seinem Egoismus gefolgt war.

Wir erfahren dieselbe Verwüstung, wenn wir versuchen, für uns selbst zu sorgen, anstatt auf Gott zu vertrauen. Unsere Feinde sind mächtig gegen uns. Wir geben ihnen durch einen mangelnden Glauben an Gott Macht über uns. Wenn man immer nur der eigenen Kraft vertraut, dann ist ein Scheitern vorprogrammiert. Wir dürfen »uns nicht verlassen auf Fleisch« (Phil 3, 3). Nicht auf unser eigenes Fleisch – oder gar auf das von anderen.

Die Verheißungen Gottes

Er ruft mich an, darum will ich ihn erhören; ich
bin bei ihm in der Not, ich will ihn herausreißen
und zu Ehren bringen (Ps 91, 15).

Dem Gläubigen, der sich auf Gott verlässt, werden drei Verheißungen ausgesprochen.

1. Gott verheißt, in der Not bei uns zu sein.
2. Gott verheißt, uns herauszureißen.
3. Gott verheißt, uns zu Ehren zu bringen.

Ehre bedeutet, dass man heraufgehoben wird. Wenn Gott einen Gläubigen zu Ehren bringt, hebt er ihn hoch oder erhebt ihn.

> So demütigt euch [erniedrigt euch in eurer eigenen Wertschätzung] nun unter die gewaltige Hand Gottes, damit er euch erhöhe zu seiner Zeit (1. Petr 5, 6).

Wenn man darauf verzichtet, für sich selbst sorgen zu wollen, führt es zur Demut, und dieser Akt des Glaubens versetzt den Gläubigen direkt an die Stelle, an der er von Gott erhöht wird. Wenn Sie Gott vertrauen, dann werden Sie befördert. Gott will Sie ehren und belohnen, wenn Sie Ihren Glauben in ihn setzen.

Jesus vertraute sich selbst und alles, was er hatte, dem Einen an, der gerecht richtet.

> Aber ohne Glauben ist's unmöglich, Gott zu gefallen; denn wer zu Gott kommen will, der muss glauben, dass er ist und dass er denen, die ihn suchen, ihren Lohn gibt (Hebr 11, 6).

Das weltliche System funktioniert so, dass man hart arbeiten muss, um seinen Lohn zu erhalten. In der göttlichen Wirtschaft setzt man sein ganzes Vertrauen auf Gott und erhält dann seinen Lohn. Ich will damit nicht sagen, dass wir ein Leben in Passivität führen sollten, aber ich möchte ganz deutlich darauf hinweisen, dass wir alle Werke des Fleisches vermeiden sollen. Im Fleisch zu leben ist eine Einladung für die Zwietracht – in uns selbst, mit Gott und mit unserem Nächsten.

Sehen Sie sich die folgenden Bibelstellen an. Sie werden Sie ermutigen, Ihre Selbstversorgermentalität aufzugeben und sich auf den Lohn Gottes zu freuen, wenn Sie Ihren Glauben in ihn setzen.

> Nach diesen Geschichten begab sich's, daß zu Abram das Wort des HERRN kam in einer Offenbarung: Fürchte dich nicht, Abram! Ich bin dein Schild und dein sehr großer Lohn (1. Mose 15, 1).

> Das Gesetz des HERRN ist vollkommen, seine Befehle sind richtig und erfreuen das Herz. Die Gebote des HERRN sind lauter und erleuchten die Augen; und wenn wir sie halten, werden wir großen Lohn erhalten (Ps 19, 8–11, von der Autorin umformuliert).

> Die Leute werden sagen: Ja, der [kompromisslos] Gerechte empfängt seine Frucht, ja, Gott ist noch Richter auf Erden (Ps 58, 12).

> Denn ich will dich entkommen lassen, daß du nicht durchs Schwert fallest, sondern du sollst dein Leben wie eine Beute davonbringen, weil du mir vertraut hast, spricht der HERR (Jer 39, 18).

> Wenn du aber betest, so geh in dein Kämmerlein und schließ die Tür zu und bete zu deinem Vater, der im Verborgenen ist; und dein Vater, der in das Verborgene sieht, wird dir's vergelten (Mt 6, 6).

Anstatt meine Kraft darauf zu verwenden, dafür zu *sorgen*, dass jemand mich gerecht behandelt, habe ich gelernt, für andere zu beten und darauf zu vertrauen, dass Gott für mich sorgt. Gläubige mögen im Stillen beten, oft mit verweinten Augen. Aber Gott wird uns vor aller Augen belohnen.
Der Jakobusbrief zeigt uns ganz deutlich, wie Zwietracht durch eine Selbstversorgermentalität entsteht.

> Woher kommt der Kampf (Uneinigkeit und Fehde) unter euch, woher der Streit (Auseinandersetzungen und Kämpfe)? Kommt's nicht daher, daß in euren Gliedern die Gelüste [nach dem, was andere haben] gegeneinander streiten? Ihr seid [darum] begierig und erlangt's nicht; ihr mordet [hassen bedeutet morden, insofern als das Herz gemeint ist] und neidet und gewinnt nichts; ihr streitet und kämpft und habt nichts (die Befriedigung, die Zufriedenheit, und das Glück, das ihr sucht], weil ihr nicht bittet (Jak 4, 1–2).

Ich habe herausgefunden, dass Menschen, die voller Enttäuschung und Frustration sind, im Allgemeinen sehr schwierig im Umgang sind. In den Jahren, da ich im Werk des Fleisches lebte und immer bestrebt war, für mich selbst zu sorgen, lebte ich auch in Zwietracht. Die meiste Zeit war ich völlig durcheinander. In mir tobte ein Krieg, und ich zettelte Auseinandersetzungen und Kämpfe mit denen an, zu denen ich eine Beziehung hatte.

Eine Selbstversorgermentalität führt zu Zwietracht. Gottvertrauen führt zu Frieden.

Die Zwietracht aus einer Selbstversorgermentalität heraus wird letztlich die Menschen zerstören, die nicht auf Gott und seine Fürsorge vertrauen.

7.
ZWIETRACHT ZERSTÖRT

● Ich hörte einmal eine Geschichte über ein christliches Ehepaar, das seinen ganzen Besitz bei einem Feuer verlor. Die, die das Paar kannten, waren völlig verwirrt über diesen Verlust. Nach außen schienen sie alles richtig zu machen. Sie hatten gerade die Bibelschule abgeschlossen und bereiteten sich auf den hauptamtlichen Dienst vor. Sie hatten einen christlichen Aufkleber auf ihrem Auto, einen Kassettenrecorder, Kassettenmitschnitte von allen möglichen christlichen Veranstaltungen und einen Jesus-Anstecker auf ihrer Kleidung. Sie redeten wie Leute, die sich in der Bibel auskannten. Die Tragödie hinterließ viele Fragen in den Köpfen ihrer Freunde und Bekannten. Wie konnte dies Menschen passieren, die so sehr im Glauben standen?

Sie kennen sicherlich ähnliche Fälle, aber was hinter verschlossenen Türen geschieht, bleibt oft unbemerkt. Ein anderer Student, der mit diesem Paar auf der Bibelschule war, erzählte, dass in ihrer Ehe viel Zwietracht herrschte. Sie kamen oft zum Unterricht und man konnte die Spannungen zwischen ihnen richtig spüren. Das war nicht für jeden offensichtlich, aber dieser Student hatte bemerkt, dass bei den beiden Zwietracht herrschte.

Später gaben sie zu, dass Gott sich mit ihrer persönlichen Beziehung und der Zwietracht in ihrem Heim befasst hatte. Sie hatten sich nicht selbst erniedrigt und Gott gehorcht. Ein Haus voller Opfer, aber mit Zwietracht, das gefällt dem Herrn nicht (siehe Spr 17, 1). Dieses junge Paar hatte vielleicht das Opfer gebracht, die Bibelschule zu besuchen, aber keine der Gaben ihres Fleisches war ein zufriedenstellender Ausgleich für die Tür, die sie der Zwietracht geöffnet hatten.

Dieses Paar wusste, was es zu tun hatte. Sie wussten, was Gott ihnen sagen wollte. Er hatte sich mit ihnen befasst, aber sie hatten die

Warnungen Gottes, »die Zwietracht aus ihrem Heim zu vertreiben«, in den Wind geschlagen. Darum nutzte der Teufel die Gelegenheit, trat durch die geöffnete Tür und brachte Zerstörung.

In Frieden leben

Um im geistlichen Kampf Erfolg zu haben, müssen wir unsere Schuhe des Friedens *anziehen* – und sie nicht nur mit uns herumtragen. Gott befahl uns, die volle Rüstung Gottes anzulegen (siehe Eph 6, 10–18). Gott gibt uns alle Bestandteile der Rüstung, die wir brauchen, um den Teufel in jeder Kriegsstrategie und jeder Betrügerei zu bekämpfen. Aber alles ist nutzlos, wenn wir die Rüstung nicht anziehen. Wir müssen sie anbehalten, denn »der Teufel geht umher wie ein brüllender [ausgehungerter] Löwe und sucht, wen er verschlinge« (1. Petr 5, 8).

Zu lernen, wie wir in unseren Schuhen des Friedens gehen können und wollen, ist eines der Geheimnisse eines erfolgreichen geistlichen Kampfes. Mit lauter Stimme die Macht über den Teufel an sich zu reißen ersetzt nicht den einfachen Gehorsam gegenüber dem Herrn. Jesus betete:

> damit sie alle eins seien. Wie du, Vater, in mir
> bist und ich in dir, so sollen auch sie in uns sein,
> damit die Welt glaube, daß du mich gesandt hast
> (Joh 17, 21).

Eine Bibelschule zu besuchen ist eine wunderbare Sache für die, die Gott so führt. Einen Aufkleber auf dem Auto und einen Kassettenrecorder zu haben kann nützlich sein. Einen Jesus-Anstecker auf der Kleidung zu tragen ist eine gute Möglichkeit, das Bewusstsein für unseren Erlöser zu verbreiten. Wenn man jedoch all das tut und in Zwietracht lebt, dann ist es ein Fehler.

Viele Menschen leben oft im Chaos und fragen sich, warum die Verheißungen Gottes in ihrem Leben nicht erfüllt werden. Man kann nicht einfach einen »Anspruch« auf die Verheißungen Gottes erheben. Wir müssen sie erben, indem wir in ein »Kindschafts«-Verhältnis zu unserem Vater eintreten. Die »Kinder Gottes« sind diejenigen, die »-einen kindlichen Geist empfangen« haben (Röm 8, 14–15).

Zwietracht durch Verurteilung

Ich hatte eine gute Freundin, deren Ehemann nicht bekehrt war. Sie und ihr Mann hatten viel Zwietracht in ihrem Heim. Meine Freundin trug die ganze Zeit ein eingefrorenes Lächeln in ihrem Gesicht, und so schien nach außen hin alles in Ordnung zu sein. Und doch geschah eine Katastrophe nach der anderen.

Von außen betrachtet schien das alles so ungerecht zu sein. Ich war versucht zu beten: »Gott, warum beschützt du sie nicht? Sie ist so nett und tut so viel für andere. Sie bezahlt ihren Zehnten und geht immer zur Kirche.«

Aber das Desaster schien sie zu verfolgen. Schließlich schien alles förmlich über ihr zusammenzubrechen – das Dach ihres Hauses stürzte tatsächlich ein! Nach diesem Zwischenfall erzählte sie mir, was wirklich falsch lief. Sie erzählte mir, dass Gott sie gewarnt hatte, sie solle endlich die Zwietracht aus ihrem Hause verbannen.

Ihr Ehemann war kein streitsüchtiger Mensch. Er war eher passiv – nicht besonders aggressiv, egal, um was es ging. Aber sein mangelndes Interesse an ihr, an ihrem Heim, ihrer Gemeinde und an ihrem Leben war ihr ständig ein Dorn im Auge. Seinetwegen war Zwietracht in ihrer Seele. Sie verurteilte ihn, und ihr Verhalten war von ständigem Nörgeln und kritischen Bemerkungen geprägt. Wenn wir Zwietracht in unserer Seele haben, offenbart sie sich auf irgendeine Art und Weise.

Meine Freundin sagte dem Herrn, dass sie einfach nicht still sein konnte und ihren Mann mit seinem störenden Verhalten in Ruhe lassen konnte. Sie war sich dessen zwar nicht bewusst, aber sie handelte nach ihrer Selbstversorgermentalität. Gott hätte für sie gesorgt, aber sie war zu sehr damit beschäftigt, sich um sich selbst zu kümmern, dass sie es gar nicht bemerkte. Sie hielt es für unvernünftig von Gott, von ihr zu verlangen, dass sie in ihrem Heim die Friedensstifterin sein sollte, wo doch ihrer Meinung nach ihr Mann das Problem war.

Sie erzählte mir, dass sie zu Gott gesagt hatte: »Ich weiß, was du mir sagst, aber ich kann es einfach nicht tun.« Darum war die Tür für den Feind weit offen, der Zerstörung durch Ungehorsam und Zwietracht mitbrachte.

Zwietracht raubt den Sieg

Ich kannte ein anderes Paar, das dauernd Probleme mit Krankheit, Armut, kaputten Haushaltsgeräten und Autoreparaturen hatte. Sie waren keine Sieger. Dennoch bezahlten sie ihren Zehnten und gingen regelmäßig zur Kirche. Nach Jahren dieser Art von Zerstörung gaben sie schließlich in einer Beratungssitzung zu, dass zwischen ihnen so viel Zwietracht herrschte, dass sie schon jahrelang nicht mehr miteinander geschlafen hatten.

Es ist so ein Leichtes für die menschliche Natur, sich selbst zu betrügen, indem man sich weigert, nach dem »Warum« hinter dem »Was« zu blicken. Wir müssen bereit sein, uns den Ursachen der Zwietracht in uns zu stellen, wenn wir erwarten, dass Gott die Zerstörung des Feindes von außen bekämpfen kann.

Unannehmlichkeiten gibt es aus einer Vielzahl von Gründen. Ungehorsam ist einer davon. Wir können Schwierigkeiten in unserem Leben haben, die nichts mit Ungehorsam oder Zwietracht zu tun haben. Der Teufel kann uns einfach angreifen, indem er versucht, unseren Glauben zu zerstören. Wenn wir uns ihm beharrlich widersetzen, werden wir den Ort erreichen, an dem die Sieger sind. Doch ist es auch möglich, dass Zwietracht die Wurzel unserer Probleme ist. Wenn wir die Täuschung der Zwietracht aufdecken, uns der Wahrheit stellen und das Fundament unseres Lebens auf ein Wunder Gottes setzen, dann kann er große Erleichterung bringen.

Der Gläubige, der durch die Zwietracht gefesselt ist, kann von Gott erlöst werden, genauso wie die Gemeinde, die unter der Fessel der Zwietracht steht.

8.
ZWIETRACHT ZERSTÖRT GEMEINDEN

● Paulus lehrte die Gemeinde in Korinth von der Treue Gottes. Er versicherte ihnen, dass Gott treu ist, und er lehrte sie die Bedeutung eines Lebens in Harmonie, Einheit und Einmütigkeit. Viele Bücher in der Bibel behandeln die Bedeutung eines Lebens ohne Zwietracht. Sehen wir uns einmal die folgende Passage aus dem Hebräerbrief an:

> Jagt dem Frieden nach mit jedermann und der Heiligung, ohne die niemand [jemals] den Herrn sehen wird, und seht darauf, daß nicht jemand Gottes Gnade (sein unverdientes Wohlwollen und geistliche Segnung) versäume; daß nicht etwa eine bittere Wurzel (Verbitterung oder Haß) aufwachse und Unfrieden anrichte und viele durch sie unrein werden (Hebr 12, 14–15).

Wir sollen uns Frieden wünschen und danach streben, in ihm zu leben. Friede muss ein vorrangiges Ziel für die Gemeinde sein. Wir sollen sogar dabei helfen und aufeinander achten. Wenn wir einen Bruder oder eine Schwester im Herrn sehen, die zornig wird oder sich aufregt, dann sollten wir dabei helfen, den Frieden in ihr nach Möglichkeit wieder herzustellen. Dies kann eine Bedeutung der biblischen Anweisung sein, dass wir »Friedensstifter« sein sollen. Diese Verse im Hebräerbrief sagen uns, dass Zwietracht (oder das Fehlen von Friede) zu Groll, Bitterkeit oder sogar zu Hass führt. Und wenn man nichts dagegen tut, wird sie sich immer weiter ausbreiten.

Zwietracht breitet sich wie eine Infektion oder eine hoch ansteckende Krankheit aus. Darum habe ich gesagt, dass Dave und ich mit Zwietracht wie mit einer Seuche umgehen. Sie bringt nur Probleme und Qualen für Gemeindeglieder und für die Gemeindeleitung. Sie stört und behindert das Werk des Herrn. Viele werden angesteckt und dadurch unrein.

Wenn eine todbringende Seuche ein Haus befällt, wird dieses Haus vom Gesundheitsamt unter Quarantäne gestellt. Es wird öffentlich bekannt gemacht, dass dieses Haus verseucht ist. Niemand darf sich dem Haus nähern, aus Furcht, dass sich die Leute anstecken und ebenfalls unrein werden.

Dave und ich kommen in unseren auswärtigen Missionseinsätzen viel herum. Wir haben Kontakt mit einer Vielzahl von Gemeinden und Werken. Ich kann die vielen Werke gar nicht alle aufzählen, die wir gesehen haben, die von dem Geist der Zwietracht am Wachstum gehindert werden und manche sogar zerstört werden. Warum ist das so? Weil Gott in einer Atmosphäre des Friedens wirkt. Satan hingegen wirkt in Zwietracht und Chaos.

Beleidigungen

Es ist für die Gemeinden lebenswichtig, dass sie in diesem Bereich aufgeklärt werden. Satan arbeitet hart daran, uns durcheinander zu bringen. Er tut dies, um uns dazu zu bringen, dass wir aufeinander ärgerlich sind. Er weiß genau, welche Knöpfe er drücken muss, und er weiß auch ganz genau, wann der richtige Zeitpunkt dafür ist. Er legt sich einen Plan zurecht und es macht ihm nichts aus, wenn er lange Zeit im Hintergrund wirkt, um sein gewünschtes Ziel zu erreichen. Er lügt die Menschen an, um sie gegeneinander aufzubringen.

Er bläht kleine Zwischenfälle auf und lässt sie viel bedeutender erscheinen, als sie tatsächlich sind. Jemand kann völlig unabsichtlich einen Fehler machen, und der Teufel wird Ihnen einzureden versuchen, dass der andere es absichtlich getan hat. Er will Sie glauben machen, dass sich andere Leute gegen Sie verschworen haben und dass sie Sie absichtlich verletzen wollen. In Wirklichkeit ist diesen Leuten wahrscheinlich nicht einmal bewusst, dass sie Sie beleidigt haben.

Vielleicht glaubt eine unsichere Frau, ihr Pfarrer war nicht sehr freundlich zu ihr, als sie ihn kürzlich beim Einkaufen getroffen hat. Es schien ihr, dass er nur »distanziert höflich« war und versuchte, so schnell wie möglich wegzukommen. Also sind ihre Gefühle verletzt und sie klammert sich nun an diese Verletzung. Der Teufel überschüttet ihr Gedächtnis mit Erinnerungen an andere Begebenheiten, als der Pfarrer nicht sehr freundlich zu ihr war – zumindest nicht so freundlich wie zu anderen Leuten.

Sie glaubt: »Er mag mich nicht. Eigentlich war er ja richtiggehend unverschämt. Er ist ganz schön gefühlskalt für jemanden, der doch der Hirte des Volkes Gottes sein soll.«

Tagelang wird sie von solchen Gedanken innerlich verfolgt. Sie gelangt an den Punkt, an dem sie nicht mehr zwischen Realität und Einbildung unterscheiden kann. Sie hat diese Situation völlig überbewertet und innerlich ist sie in Rage.

Ihre Familie und ihre Freunde stellen fest, dass etwas mit ihr nicht stimmt, und sprechen sie darauf an. Obwohl der heilige Geist ihr zu sagen versucht, sie solle schweigen, erzählt sie von der Begebenheit. Beachten Sie, sie hören nur ihre Version der Geschichte, die sich inzwischen sehr weit von dem entfernt hat, was tatsächlich geschehen ist.

Ihre Meinung beeinflusst die Meinung ihrer Familie und ihrer Freunde, und die Leute beginnen wieder andere zu fragen, ob sie den Pfarrer für unfreundlich halten. Und genauso, wie die Pharisäer Jesus ständig beobachtet haben, beobachten die Leute nun den Pfarrer und sein Verhalten ihnen gegenüber. Wenn der Mann nicht zu jedem überfreundlich ist, wird er verurteilt, kritisiert und es wird über ihn geredet.

Der Pfarrer spürt, dass etwas nicht stimmt. Er spürt »Druck« in der Atmosphäre während der Gottesdienste, aber er kennt die Ursache nicht. Innerhalb von ein paar Monaten kann eine solche Situation zu einem »Pfarrer-Alptraum« werden. Aus einem Missverständnis ist hier ein ausgewachsener Fall von Gemeindezwietracht entstanden, die die Segnungen Gottes blockiert.

Vielleicht ging es dem Pfarrer ja an jenem Tag nicht so gut, als er die

Frau beim Einkaufen traf. Vielleicht war er auch an jenem Tag besonders müde oder von finanziellem Druck durch die Bauvorhaben der Gemeinde geplagt. Er könnte zu spät zu einer Verabredung gewesen sein und hatte nur Zeit für einen kurzen Gruß. Er hat keine Ahnung, dass die unsichere Dame sich beleidigt und verletzt gefühlt hat und dass sie fleißig in der ganzen Gemeinde Zwietracht ausstreut.

Wenn Sie meinen, dass dies etwas sehr weit hergeholt ist, dann liegen Sie falsch. Diese Dinge geschehen tagtäglich im Reich Gottes. Menschen fühlen sich durch Kleinigkeiten beleidigt, und der Teufel benutzt diese Beleidigungen, um Zwietracht in der Gemeinde auszusäen. Das Werk Gottes wird blockiert, weil der heilige Geist nur in einem Klima des Friedens wirken kann. Dem Teufel gefällt das. Dies ist die beste Atmosphäre für sein Werk.

Er öffnet einer Vielzahl von tiefgreifenden, gefährlichen Problemen Tür und Tor, von denen nur sehr wenige wissen, wie sie damit umgehen sollen.

Solche Probleme entwickeln sich bei fleischlich gesinnten Christen – unreife Menschen, die nur nach ihren Gefühlen leben. Sie tun und sagen genau das, was sie »fühlen«. Sie handeln nicht unter Selbstkontrolle und bitten Gott nicht, ihnen zu helfen, die Verletzung zu überwinden.

Gott will unsere Unsicherheiten heilen

Die Bibel sagt ganz klipp und klar, dass wir denen, die uns verletzen, vergeben sollen – schnell, oft und freimütig. Unsicherheit war die Wurzel des Problems, das diese Frau hatte. Ein selbstsicherer oder reifer Mensch würde eine völlig andere Sicht der Situation haben.

Unsichere Menschen tragen eine Wurzel der Zurückweisung in sich. Sie brauchen viel äußere Zusicherung, dass sie akzeptiert werden. Ihnen fehlen Gefühle des inneren Selbstwerts, und deshalb suchen sie danach in äußeren Quellen. Sie brauchen Menschen, die ihnen durch Worte und Taten bestätigen, dass sie akzeptiert werden. Der Feind benutzt Menschen mit emotionalen Wunden und Narben, um Schwierigkeiten aufzurühren. Natürlich wollen diese Menschen keine Probleme verursachen, sie brauchen nur jemanden, der dazu beiträgt, dass sie sich mit sich selbst wohl fühlen.

In den vielen Jahren meines Dienstes habe ich zahlreiche ähnliche Situationen erlebt. Menschen waren beleidigt, weil ich ihnen nicht genug Aufmerksamkeit entgegengebracht hatte. Mir wurde zugetragen, dass eine Frau höchst beleidigt war und meinte, ich könnte sie nicht leiden. Als mir die Geschichte erzählt wurde, war ich erstaunt! Ich mochte die Frau, und so weit ich weiß, war ich immer freundlich zu ihr, wenn ich sie sah. Aber sie erzählte anderen Leuten, dass ich ihr nicht die gleiche Aufmerksamkeit entgegenbringen würde wie anderen Leuten. Sie sagte, ich würde einfach an ihr vorbeigehen, ohne ein Wort zu sagen. Als ich von einer bestimmten Begebenheit hörte, wo sie meinte, ich hätte sie ignoriert, hatte ich sie in Wahrheit nicht gesehen. Ich hatte sie schlichtweg nicht gesehen!

Ich fragte den Herrn, warum er nicht dafür sorgen konnte, dass ich Menschen wie sie beachtete. Der Herr enthüllte mir, dass er die Frau vor mir »versteckte«. Er sagte: »Sie glaubt, dass das, was sie am meisten auf der Welt braucht, sei, dass du sie beachtest. Aber das ist es nicht. Sie muss ihr Vertrauen in mich setzen. Wenn sie das in ihrem Leben geschafft hat, dann werde ich ihr erlauben, von ihresgleichen und von Menschen, die sie bewundert, mehr Beachtung zu bekommen.«

Das war mir eine Lehre. Gott will in unserem Leben wirken. Um das zu tun, muss er manche alten Wunden öffnen, um sie reinigen zu können. Solange die Unsicherheiten der Frau von anderen beachtet und beantwortet werden, wird sie sich niemals vollkommen wohl fühlen. Jede Beachtung würde ihr Problem nur noch vergrößern. Es ist, als wenn man eine große Wunde mit einem kleinen Verband bedeckt. Gott will uns heilen, aber wir legen immerzu weitere Verbände auf unser Problem.

Unsicherheit ist wie ein Gift, das jeden Lebensbereich eines Menschen befällt. Heilung kann schmerzhaft sein, aber es ist besser, als sein Leben lang emotionale Probleme zu haben. Wir müssen lernen, Gott zu vertrauen, dass er uns die Zuwendung gibt, die wir brauchen.

Wenn jemand uns nicht die Beachtung schenkt, die wir meinen haben zu müssen, was ist eine heilige Reaktion hierauf? Reagieren Sie mit Barmherzigkeit und Verständnis. Legen Sie es im Zweifelsfall zu seinen Gunsten aus. Denken Sie daran, dass die Liebe immer alles glaubt (siehe 1. Kor 13, 7).

Behandeln Sie andere so, wie auch Sie von ihnen behandelt werden möchten. Würde es Ihnen gefallen, wenn Sie von jemandem hart verurteilt werden, wenn er Ihnen gegenüber unbarmherzig ist, über Sie redet und in Ihrer Gemeinde Zwietracht verbreitet? Natürlich nicht! Und mir würde das auch nicht gefallen. Der Friede kann nur aufrechterhalten werden – und die Zwietracht verbannt –, wenn wir dem Beispiel von Jesus folgen. Wie würde er in Ihrer momentanen Situation handeln?

Paulus beriet die Gemeinde in Galatien zum Problem der Zwietracht in der Gemeinde.

> Denn das ganze Gesetz ist in einem Wort erfüllt,
> in dem »Liebe deinen Nächsten wie dich selbst!«
> Wenn ihr euch aber untereinander beißt und
> freßt [in parteiischer Zwietracht], so seht zu, daß
> ihr [und eure ganze Gemeinschaft]
> nicht einer vom andern aufgefressen werdet.
> (Gal 5, 14–15).

Seine Anweisungen sind klar. Seid wachsam und vorsichtig in Bezug auf das Problem der Zwietracht. Wenn sie ein Bleiberecht bekommt, wird sie sich ausbreiten. Und wenn sie sich ausbreitet – könnt ihr und die ganze Gemeinde dadurch ruiniert werden.

Zwietracht behindert den Ruf Gottes

Ich kenne Menschen, die heute nicht mehr im Dienst stehen, weil sie der Zwietracht Einlass gewährt haben. Einmal haben sie Gott ihr Leben gegeben. Aber sie ließen nicht nur die Zwietracht ein – nein, sie haben sie regelrecht eingeladen. Ich erinnere mich an ein Ereignis, das viele Leute in meinem Dienst vor einigen Jahren zerstört hat. Ich glaube, die Personen, die damit angefangen haben, haben sich selbst mehr verletzt als jeden anderen. Durch dieses Ereignis und eine weitere Situation lernte ich aus erster Hand die Gefahren der Zwietracht kennen.

In diesem ersten Ereignis, begann ich Leblosigkeit in meinen wöchentlichen Gebetstreffen zu spüren. Es herrschte so eine düstere Atmosphäre. Dann bemerkte ich, dass plötzlich alles still war, wenn ich an Gruppen von Leuten herantrat, die sich unterhielten. Mich beschlich das seltsame Gefühl, dass ich ein Eindringling war.

Ich versuchte, dieses Gefühl beiseite zu fegen, denn ich glaubte, diese Leute wären meine besten Freunde. Menschen, denen ich seit Jahren nahe gewesen war, schienen sich plötzlich in meiner Gegenwart unwohl zu fühlen. Überall wurden unsichtbare Mauern errichtet. Eines Tages wollten einige der Leute, mit denen ich normalerweise zum Mittagessen ging, ganz plötzlich nicht mehr mitgehen. Als ich anderen mitteilte, was ich in meinem Werk tun wollte oder was ich glaubte, dass Gott in mein Herz hineinsprach, begegnete mir Schweigen und ein unangenehmes Gefühl anstelle der sonst üblichen Ermutigung. Es war, als ob jemand etwas wusste, was ich nicht wusste, und keiner wollte es mir sagen.

Hier war mehr als nur Zwietracht im Spiel. Ich erfuhr später, dass auch Betrug, Lügen und andere damit verbundene Probleme am Werk waren. Als der Deckel, wie immer in solchen Situationen, dem Druck nicht mehr standhalten konnte und der Kessel explodierte, waren viele Beziehungen zerstört und Menschen von ihrer persönlichen Beziehung zu Gott abgewichen. Ich glaube, dass möglicherweise andere große Werke von dem Feind durch den effektiven Einsatz von Zwietracht mit beeinträchtigt wurden.

Was war nun der Grund für diese Verwüstung? Eine Frau, die viele Jahre Hexerei betrieben hatte, war in unsere Gemeinde gekommen. Sie sagte, ihr wäre endlich klar geworden, dass sie verloren wäre, und sie wurde wiedergeboren und mit dem Heiligen Geist erfüllt. Sie wünschte sich, ihr Leben wieder in Ordnung zu bringen. Jeder freute sich für die Frau. Wir alle freuen uns, wenn wir sehen, wie Menschen aus einer tiefen Verstrickung befreit werden.

Sie engagierte sich sehr schnell in verschiedenen Bereichen unseres Werkes. Sie ging in die Bibelschule, in der ich dreimal in der Woche unterrichtete. Sie besuchte die wöchentlichen Treffen in unserer Gemeinde. Sie beteiligte sich an einem Außeneinsatz bei geistig Behinderten und besuchte treu alle Morgengebetstreffen in der Gemeinde.

Alles sah gut aus, aber irgendetwas fühlte sich falsch an. Wenn ich sage »fühlte sich« falsch an, dann spreche ich über geistliche Gefühle – nicht über Emotionen. Ich überprüfte meine innere Einstellung zu ihr. Ich konnte mich in ihrer Gegenwart einfach nicht wohl fühlen. Jedesmal, wenn sie sich mir näherte, wollte ich vor ihr weglaufen.

Eines Tages, bei einem Gebetstreffen um 6 Uhr morgens, lief ich an ihr vorbei und es schauderte mich beinahe. Ich spürte in meinem Inneren, dass sie für mich betete – und das wollte ich nicht. Später entdeckte ich, dass sie betete, aber sie sprach mit dem Reich der Finsternis und schmetterte Flüche, Zwietracht und andere Formen des Bösen auf mein Werk.

Weil mit einem Mal viele völlig untypische Dinge in der Gemeinde geschahen, machte sich Verwirrung breit. Überall hörte man Anschuldigungen gegen Leute aus dem Leitergremium. Es kursierten jede Menge Lügen und Geschwätz. Man wusste nicht mehr, wem man glauben sollte. Leute, die jahrelang in die Gemeinde gekommen waren, blieben plötzlich weg. Viele von ihnen hatten als Laien Leiterpositionen innegehabt.

Zu meiner Überraschung war die Frau verschwunden, als das Werk in geistliches Chaos verfiel. Satan hatte seine Lügen verbreitet. Er hatte einen Krieg gegen die Gedanken der Menschen angezettelt. Er hatte einige mit Verurteilung und Kritik getäuscht, und sie waren ihm ins Netz gegangen. Sie redeten hinter dem Rücken der anderen. Zwietracht breitete sich aus. Der unterschwellige Strom unguter Atmosphäre floss und viele wurden in diesem Strom abgetrieben.

Es dauerte viele Monate, um diesen Bruch zu reparieren. Schließlich stellte sich wieder ein normales Leben ein. Heute gedeiht die Gemeinde und unser Werk ist von Gott besonders gesegnet. Wir haben nicht nur diesen Angriff überlebt, er hat uns auch stärker gemacht. Wir haben eine Lektion gelernt, die uns seitdem schon oft geholfen hat, dem Satan nicht in die Falle zu gehen.

Aber einige der Beteiligten sind an diesem Punkt stecken geblieben und haben sich nicht weiterentwickelt. Ich habe die Gefahren der Zwietracht aus erster Hand kennen gelernt, und ich habe in meinem Inneren eine heilige Leidenschaft gegen Zwietracht in jeder Verpackung.

Zwietracht blockiert Gottes Segnungen

Der andere Fall betraf die erste Gemeinde, die wir besuchten. Nach erst wenigen Monaten der Arbeit war diese Gemeinde schnell gewachsen und man zählte etwa vierhundert oder mehr Besucher. Gottes Segen ging auf die Menschen über. Aber heute gibt es diese Gemeinde nicht mehr. Was war geschehen?

Zwietracht hatte sich dort ausgebreitet! In diesem Fall kam sie durch den Pfarrer und seine Frau in die Gemeinde. Sie waren sehr sensibel und fühlten sich persönlich beleidigt, wenn Menschen spürten, dass Gott sie dazu aufrief, die Gemeinde zu verlassen und woanders hinzugehen. Wenn sie Leuten begegneten, die die Gemeinde verlassen hatten, waren sie unfreundlich zu ihnen.

Unversöhnlichkeit hatte sich in ihrem Herzen breit gemacht. Sie wollten die Schafe *kontrollieren* – nicht führen. Wenn sie wollten, dass sich jemand bei einem bestimmten Gemeindeprogramm engagierte, derjenige sich aber weigerte, zeigten sie ihm die »kalte Schulter«.

Ich wurde für viele Dinge korrigiert und geächtet – einmal für das Predigen des Wortes Gottes. Dave und ich hatten zwei Jahre, bevor wir in diese Gemeinde gingen, einen Hauskreis gegründet. Wir behielten diesen Kreis auch bei, als wir der Gemeinde beigetreten waren. Der Pfarrer meinte, Dave sollte den Hauskreis leiten. Weil wir dem Willen Gottes gehorchen wollten, versuchte Dave zu predigen, und ich versuchte, still zu sein. Aber keines von beiden funktionierte! Ich bin berufen zu predigen, nicht Dave. Egal, was der Mensch sagt oder denkt, es funktioniert nur, wenn wir uns nach dem Willen Gottes richten.

Einmal während der Vorweihnachtszeit wollte ich zehntausend Traktate kaufen und eine Gruppe Damen organisieren, die diese Blätter einmal pro Woche im Einkaufszentrum unserer Stadt verteilen sollten. Ich glaubte, Gott hätte mir diese Aufgabe ins Herz geschrieben. Alle Damen waren Freundinnen von mir, und ich wollte die Blätter aus eigener Tasche bezahlen. Mein Ziel war, alle Blätter innerhalb von sechs Wochen zu verteilen. Ich stellte mir vor, wir könnten sie im Einkaufszentrum an die Passanten verteilen und im Parkhaus unter die Scheibenwischer klemmen, bis die zehntausend Blätter weg waren. Es wäre mir nie in den Sinn gekommen, hierfür die Erlaubnis des Pfarrers einzuholen!

Der Pfarrer schimpfte mich aus und sagte, ich würde meine Ehe ruinieren, wenn ich mich nicht meinem Ehemann unterordnen würde. Aber Dave hatte kein Problem mit mir – der Pfarrer hatte das Problem.

Schließlich wurde unser Name von dem wöchentlichen Gemeindeblatt als zugelassenes Haus für wöchentliche Hauskreise gestrichen. Diese Art der Behandlung widerfuhr außer Dave und mir noch vielen anderen Leuten in der Gemeinde. Der Pfarrer war davon überzeugt, dass er das Richtige tat, aber er öffnete der Zwietracht die Tür, durch die Art und Weise, wie er mit der Situation umging.

Dave und ich wollten die Gemeinde verlassen und woanders hingehen, aber Gott sagte uns immer wieder, nicht mit Zorn oder Unversöhnlichkeit im Herzen wegzugehen. Damals waren wir junge Christen, aber wir wollten keine Hassgefühle in unserem Herzen gegenüber dem Pfarrer und anderen Gemeindeleitern hegen.

Woche um Woche warteten wir, dass Gott uns aus der Gemeinde entließ. Woche um Woche sahen wir, wie immer weniger Leute kamen. Schließlich kam niemand mehr.

Was war geschehen? Zwietracht war eingedrungen und hatte die Gemeinde zerstört. Dieser Pfarrer wurde erlöst und wurde später von Gott in anderen Aufgaben benutzt.

Satan greift die geistlichen Babys an

Wenn ich auf diese Situation zurückblicke und auf einige der Leute, die Mitglieder dieser Gemeinde waren, stelle ich mit Erstaunen fest, dass viele Leute, die von dieser Begebenheit betroffen waren, heute bekannte nationale Werke leiten.

Satan hatte einen großen Angriff unternommen. Viele der Missionswerke waren noch nicht einmal geboren – außer im Herzen Gottes. Andere befanden sich im Kindheitsstadium. Der Teufel wollte diese Werke zerstören, bevor sie ihn zerstören konnten. Er will angreifen und nach Möglichkeit die Jungen verschlingen. Er greift Babys und

Kleinkinder im Reich Gottes an, weil sie noch nicht wissen, wie sie sich verteidigen sollen.

Ich bin so dankbar, dass Menschen für mich beteten. Ich werde wohl nie wissen, wer es war, aber ich weiß, dass die Gebete eines Menschen dazu benutzt wurden, uns vor den Zerstörungen durch die Zwietracht zu bewahren, und das mehr als einmal. Vergessen Sie nie, dass Zwietracht zerstört. Sie zerstört Ehen und Beziehungen in jedem Stadium. Sie zerstört Gemeinden und christliche Werke. Sie zerstört ganze Unternehmen. Und sie zerstört die Gesundheit der Menschen.

Sie ist ein Friedensdieb höchsten Grades. Wenn Sie lernen können, Zwietracht zu erkennen und damit umzugehen, werden Sie einen großen Teil vorsätzlicher Zerstörung stoppen können. Wir wollen uns nun einen Bereich der Zerstörung durch Zwietracht ansehen – unsere körperliche Gesundheit.

9.
WIE ZWIETRACHT IHRE GESUNDHEIT BEEINTRÄCHTIGT

● Zwietracht verursacht Stress und Stress macht krank. Wir sind von Gott geschaffene Gefäße für Gerechtigkeit, Frieden und Freude. Wir sind niemals geschaffen worden, um Zwietracht, Sorgen, Hass, Bitterkeit, Groll, Unversöhnlichkeit, Wut, Zorn, Eifersucht, Chaos und jede Art von Verstimmungen zu beherbergen. Unser Körper ist so gebaut, dass er viel Bestrafung ertragen kann und dennoch überlebt, aber wenn der Tempel ausschließlich mit falschen Dingen gefüllt wird, dann wird er zerstört.

Tausende und Abertausende von Menschen sind heute krank. Und ständig gibt es neue Krankheiten und Leiden. Ich glaube, dass die Ursache einer großen Zahl von Krankheiten Unbehagen ist. Die Symptome und die Krankheiten sind real, aber die häufigste Ursache dafür ist Stress. Unser Körper bricht schließlich unter dem Stress zusammen.

Die Auswirkungen von Zorn

Zwietracht verursacht den meisten Stress in unserem Leben. Nichts liegt körperlich schwerer auf mir, als wenn ich zornig werde oder mich aufrege – ganz besonders, wenn dieser Zustand über längere Zeit anhält. Darum ist es kein Wunder, wenn die Bibel uns sagt:

> Zürnt ihr, so sündigt nicht; lasst die Sonne nicht über eurem Zorn (eurer Verzweiflung, Wut oder Entrüstung) untergehen (Eph 4, 26).

> Ihr sollt wissen, meine lieben Brüder: ein jeder
> Mensch sei schnell zum Hören [ein williger
> Zuhörer], langsam zum Reden, langsam
> zum Zorn (Jak 1, 19).

In den frühen Jahren unserer Ehe wurde ich sehr leicht zornig und blieb so über Tage, ja manchmal sogar über Wochen. Zorn oder Verstimmungen schienen mir eine Weile mehr an Energie zu geben, aber wenn sich der Zorn dann legte, war es, als wenn mir jemand den Stöpsel herausgezogen und alle meine Energie abgesaugt hätte.

Manche Menschen essen mehr, wenn sie zornig sind. Es ist ein Weg zu sagen: »Ich werde es euch schon zeigen.« Manche essen, um sich selbst zu besänftigen, wenn sie verletzt sind. Mir verging immer der Appetit, wenn ich zornig oder aufgebracht war. Das war auch ganz gut so, denn sonst wäre ich fettleibig geworden, denn ich war fast immer über irgendetwas verärgert.

Die meiste Zeit fühlte ich mich krank. Aber ich brachte niemals mein Unwohlsein in Verbindung mit meinem Zorn – und ich bezweifle, dass viele Menschen das tun. Ich hatte Kopfschmerzen, Rückenprobleme, Schwierigkeiten mit der Verdauung und Verspannungen in dem Nacken und der Schulter. Der Arzt führte die unterschiedlichsten Untersuchungen an mir durch, aber er konnte nichts finden. Er schloss daraus, dass wahrscheinlich Stress die Ursache war. Das machte mich nur noch wütender! Ich wusste, dass ich krank war, und so weit es mich betraf, war es kein Stress, der mich krank machte.

Ich war immer eine sehr intensive Persönlichkeit gewesen. Ich lebte mit großer Intensität. Wenn ich das Haus putzte, arbeitete ich schwer, und ich wurde wütend, wenn jemand wieder alles schmutzig machte. Ich wollte ein Haus zum Vorzeigen – nicht um darin zu leben. Ich wusste, wie man arbeitete, aber ich wusste nicht, wie man lebte.

Ich war uneins mit mir selbst, mit Dave, den Kindern, anderen Familienmitgliedern, Nachbarn und sogar mit Gott. Ich hatte viel zu tun, dies vor den Menschen zu verbergen, die ich beeindrucken wollte, aber mein inwendiges Leben war fast immer in Aufruhr. Egal, wie gut wir Dinge vor anderen verbergen können, der Schaden frisst sich immer weiter in unseren Körper und unsere Seele hinein, wenn wir unter andauerndem Stress leben.

Die Auswirkungen von zu viel Stress

Stress kann geistige, emotionale oder körperliche Anspannung, Anstrengung oder Verzweiflung sein. Das englische Wort »stress« (= Druck, Belastung) war ursprünglich ein Begriff aus dem Bereich des Bauingenieurwesens. Wie viel Druck konnten Stahlträger in einem Gebäude aushalten, ohne zu brechen? Heute brechen mehr Menschen zusammen als Gebäude! Gott hat uns auf wunderbare Art und Weise gebaut. Wir sind gebaut, um mit einer normalen Menge Stress umgehen zu können – und das ist gut.

Jeder Mensch hat Stress. Wenn Sie aus einem warmen Haus hinaus in die bittere Kälte gehen, so führt dies zu Temperaturstress in Ihrem Körper. Die Arbeit jedes Menschen verursacht eine gewisse Menge geistigen Stress. Unser Sohn David arbeitet für uns in unserem Werk und er erzählte uns, wie sehr er geistig erschöpft ist, wenn er abends von der Arbeit nach Hause kommt. Seine Arbeit verlangt viel Denkarbeit, und er braucht Zeit, um zu entspannen.

Wir reisen viel, wenn wir zu auswärtigen Missionseinsätzen unterwegs sind, und es ermüdet mich sehr. Oft spreche ich bei mehreren Versammlungen an einem Wochenende. Ich komme völlig erschöpft nach Hause. Ich tue, wozu Gott mich berufen hat, aber es verursacht eine normale Menge körperlichen Stress. Bei all diesen Gelegenheiten ist Stress nicht zu vermeiden, aber wir müssen uns darüber klar werden, dass richtige Ruhepausen und stille Zeit lebenswichtig sind, um die verbrauchte Energie zurückzugewinnen.

Es ist kein Wunder, dass Gott es so eingerichtet hat, dass der Mensch an sechs Tagen in der Woche arbeiten und dann einen Sabbat einlegen sollte – einen von sieben Tagen, um sich von allen seinen Arbeiten vollkommen zu erholen (siehe 2. Mose 20, 8—10). Sogar Gott ruhte von seiner Arbeit nach sechs Tagen Schöpfungsarbeit (siehe 1. Mose 2, 2).

Mit normalem Stress können wir umgehen, aber wenn die Dinge aus dem Gleichgewicht geraten oder gar unverhältnismäßig werden, opfern wir damit oft unsere gute Gesundheit. In der Welt von heute fühlen sich immer mehr Menschen schlecht als gut. Die Menschen sind müde, erschöpft und lustlos. Sie haben wenig oder gar keine Energie. Sie können nicht sehr weit gehen, und laufen steht völlig außer Diskussion. Die meisten sind zu erschöpft, um Treppen zu steigen, und eine so einfache Sache wie ein Spülbecken voller schmutzigem Geschirrs kann manch einen in tiefe Depression stürzen.

Die medizinische Forschung hat alle möglichen Namen für diese neue Gruppe von Leiden erfunden, aber ich glaube, dass die Wurzel all dieser Krankheiten ein Mangel an dem Frieden ist, in dem zu leben Jesus uns ermutigte.

Die Welt an sich ist ein Ort voller Stress. Der Lärmpegel steigt auf einen alarmierenden Wert. Vor Jahren konnte man im fließenden Verkehr neben einem Wagen die Scheibe herunterkurbeln, und man konnte ein beruhigendes oder fröhliches Lied spielen hören, woraufhin es einem gleich ein bisschen besser ging. Man konnte sogar ein Lächeln austauschen oder diesem Fahrer freundlich zuwinken, auch wenn man ihn nicht kannte.

Heute jedoch sind die Geräusche, die aus vielen Autos strömen, Stressverursacher. Allein die Lautstärke kann einen gesunden Menschen dazu bringen, laut schreien zu wollen, und die Musik klingt wie wildes Geschrei von einem, der gerade eine brutale Szene beobachtet hat. Die Geräusche scheinen nach der tiefsten Rebellion zu schreien, die tief im Innern der menschlichen Seele verborgen liegt.

Ein Lächeln oder Winken kann Ihnen heute einhandeln, dass man Sie irgendwelcher Hintergedanken bezichtigt. Wenn Sie jemanden zu lange ansehen, kann es passieren, dass diese Person Ihnen Obszönitäten an den Kopf wirft. Erwarten Sie nicht viel Höflichkeit auf der Straße, aber achten Sie auf Autos, die vor Ihnen plötzlich einscheren. Alle haben es eilig. Man sagt, sie gingen nirgendwohin und wüssten es nicht. All dies schafft eine Atmosphäre, der der Friede vollkommen fehlt. Die Atmosphäre in der Welt von heute ist überladen mit Zwietracht und Stress.

Viele Familien leben unter finanziellem Druck. Ein normaler Lebensstandard erfordert oftmals zwei Einkommen, so dass beide Eltern arbeiten gehen müssen, oder der Vater hat womöglich zwei Stellen. Viele allein erziehende Mütter haben zwei oder gar drei Stellen, damit sie alle ihre Rechnungen bezahlen können, und dann ist da noch die ganze andere Arbeit im Haushalt, die dann in der Nacht erledigt werden muss.

Vom Satan induzierter Stress

Menschen, die erschöpft sind, erliegen Versuchungen leichter als ausgeruhte Menschen. Erschöpfte Menschen werden schneller wütend. Sie sind ungeduldiger und leichter frustriert. Man muss kein Genie sein, um hierin den Plan des Satans zu erkennen. Denken Sie daran, er schmiedet Komplotte, Pläne und Intrigen. Er plant Ihre Zerstörung und er arbeitet seinen Plan so, dass er Sie täuscht, ohne dass Sie es zunächst bemerken.

In der ersten Zeit meines eigenen Werkes habe ich viel Stress gehabt. Ich spürte die Last der Verantwortung auf meinen Schultern. Fast ständig dachte ich über mögliche Probleme nach. Wo sollte das Geld herkommen? Wie könnte ich Einladungen für Vorträge bekommen, wenn mich niemand kannte? Wie könnte ich zu Radiosendern kommen? Ich lebte in Angst und menschlichen Argumentationen – ich lebte im Stress. Und dieser Stress verursachte oft Streit zwischen Dave und mir.

Vor allem war ich in Zwietracht mit meinen Umständen. Es schien, als konnte ich nicht alles so schnell erledigen, wie ich es gerne wollte. Ich hatte eine Vision, und nach meinem eigenen Zeitplan kam diese Vision nicht voran. Ich versuchte erst eine Sache, dann eine andere, aber alles ohne Erfolg.

Einen Teil meines Stresses konnte ich bei Dave und den Kindern herauslassen. Ich verbarg ihn vor denen, die in dem Werk mitarbeiteten, oder vor denen, die ich mit meinem *großen* Glauben beeindrucken musste. Damals habe ich Folgendes gelernt: Im Glauben zu leben heißt, in die Ruhe Gottes einzugehen (siehe Hebr 4, 3).

Aber meine Gefühle zu verbergen bewahrte mich nicht vor Schaden. Ich fand mich sehr häufig in der Praxis meines Hausarztes wieder. Er sagte mir immer wieder, ich litte unter Stress. Viele verschiedene

Ärzte sagten mir alle dasselbe: »Junge Frau, Sie merken gar nicht, wie anstrengend Ihre Arbeit ist.«

Sie sagten es mir, doch ich glaubte ihnen nicht. Ich wusste, dass Gott mich zum hauptamtlichen Dienst berufen hatte, aber ich musste immer noch lernen, diese Arbeit mit Ruhe und Frieden zu tun. Mein Körper bezahlte den Preis. Ich stand unter Stress und er machte mich krank. Heute sehe ich ein, dass die Ärzte damals Recht hatten.

Wir können in dieser Welt nicht mit anderen Menschen zusammenleben, ohne ein wenig Stress zu haben. Die Frage lautet nicht: »Haben Sie Stress?« Jeder hat Stress. Sondern die Frage muss lauten: »Kommen Sie mit Ihrem Stress zurecht? Ergreifen Sie Maßnahmen, um mehr Stress, als Sie bewältigen können, zu vermeiden? Gönnen Sie sich Ruhepausen, essen Sie richtig, lachen Sie genug und werfen Sie Ihre Sorgen auf Gott? Sind Sie aus dem Gleichgewicht? Leben Sie in Extremen? Wie oft werden Sie wütend? Wie lange bleiben Sie wütend?«

Die Reaktion unseres Körpers auf Stress

Jedesmal, wenn Sie sich aufregen, jedesmal, wenn sich Ihre Emotionen bis zum Siedepunkt aufheizen, haben Ihre inneren Organe schwerer zu arbeiten, um die Belastung wieder auszugleichen. Ihre Organe halten dies nur eine gewisse Zeit durch, und wenn sie beginnen, darunter zu leiden, werden sie Zeichen der Belastung zeigen, unter der sie gestanden haben.

Ich möchte Ihnen einmal erzählen, was im Innern Ihres Körpers vor sich geht, jedesmal wenn Sie sich aufregen. Ich bin kein Arzt, aber ich will versuchen, Ihnen mit meinen Worten zu erklären, was geschieht. Wenn Stress einsetzt, löst dies einen Alarm in unserem Körper aus, damit er sich gegen jegliche Bedrohung verteidigt. Selbst der Gedanke an ein Ereignis, das einen aufregt, oder eine imaginäre Gefahr kann diesen Alarm auslösen. Eine Kette innerer Reaktionen wird nun in Gang gesetzt, und wir sind bereit, die Gefahr zu bekämpfen oder davor wegzulaufen. Dies nennt man »Flüchten-oder-Kämpfen«-Reaktion.

Der Stressor (die Sache, die Stress verursacht) sendet über die Hirnanhangdrüse und das Nervensystem eine Botschaft an Ihr Gehirn. Ihr Gehirn sendet die Alarmbotschaft weiter an die Nebenniere, die Hormone wie z. B. Adrenalin ausschüttet, das Ihren Herzschlag beschleunigt, den Blutdruck erhöht, Glucose an Ihre Muskeln sendet und den Cholesterinspiegel erhöht. Drohender Stress setzt eine komplexe Kette von Reaktionen im Körper in Gang, die uns für die »Flüchten-oder-Kämpfen«-Reaktion vorbereitet – entweder das, was uns bedroht, zu bekämpfen oder davor wegzulaufen.[3]

Der Körper sagt zu den Organen: »Ich werde bedroht! Helft mir, mich zu verteidigen oder davor zu fliehen. Ich brauche zusätzliche Kraft und Energie, um mit diesem Notfall fertig zu werden!« Die Körperorgane beginnen zu helfen. Sie sind dafür ausgerüstet, mit Notfällen umzugehen. Aber wenn ein Mensch in einem andauernden Stresszustand lebt, versagen die Organe mit der Zeit.

Die Zeit kommt, wenn die Organe erschöpft sind, alle Notfälle behandeln zu wollen, und sie sind schließlich nicht einmal mehr in der Lage, mit dem normalen Stress umzugehen. Plötzlich bricht irgendetwas entzwei! Bei manchen Menschen passiert es im Kopf. Bei anderen beeinflusst es die Emotionen, und bei vielen anderen ist die körperliche Gesundheit beeinträchtigt.

Hier ein Beispiel, was geschieht. Nehmen Sie ein Gummiband und dehnen Sie es, so weit Sie können. Dann lassen Sie es sich wieder entspannen. Tun Sie dies wieder und wieder. Nach einer Weile werden Sie feststellen, dass das Gummiband seine Elastizität verloren hat. Es ist ausgeleiert. Dehnen Sie das Gummiband lange genug, und eine Dehnung zu viel, es reißt. Und genau das passiert mit uns, wenn wir uns zu oft zu sehr unter Stress setzen.

Schließlich werden wir krank. Die Leute sagen: »Ich weiß nicht, was los ist, aber ich fühle mich nicht wohl.« Sie haben Kopfschmerzen, Rückenschmerzen, Schmerzen im Nacken und den Schultern, Verspannungen, Magengeschwüre, Verdauungsprobleme und andere Leiden. Wenn sie dem Arzt sagen, wie sie sich fühlen, nennt er es »Nebennierenschwäche« oder einen »Virus« oder etwas Ähnliches.

In vielen Fällen ist die Ursache hierfür Jahre eines Lebens voller Zwietracht und Stress. Stress verursacht Krankheiten, indem er das körpereigene Immunsystem zerstört. Der menschliche Körper ist nicht mehr in der Lage, Krankheitserreger oder Infektionen zu bekämpfen. Die Organe gehen ganz einfach kaputt. Und dann »fühlt sich« der Mensch erschöpft.

Leben Sie positiv

Negative Gedanken, Worte und Emotionen verursachen Stress, und Stress kann krank machen. Positive Gedanken, Worte und Emotionen bringen Gesundheit und Heilung. Betrachten Sie die folgenden fünf Bibelverse:

1.
Ein gelassenes Herz ist des Leibes Leben;
aber Eifersucht ist Eiter in den Gebeinen
(Spr 14, 30).

Zorn ist heftiger, übelnehmender Ärger oder Wut. Zornig zu sein heißt, sehr ärgerlich zu sein. Solche Aufregung macht krank, weil das emotionale Chaos über eine gute Gesundheit und einen gesunden Körper siegt. Ein gelassener und friedlicher Geist ist gesund für das gesamte Dasein.

2.
Mein Sohn, merke auf meine Rede und neige
dein Ohr zu meinen Worten. Laß sie dir nicht
aus den Augen kommen; behalte sie in deinem
Herzen, denn sie sind das Leben denen, die
sie finden, und heilsam ihrem ganzen Leibe
(Spr 4, 20–22).

Was bringt und fördert Heilung und Gesundheit? Über Gottes Wort nachzudenken und nicht über die Dinge, die Stress verursachen. Jesus ist unser Friede. Er ist auch das lebendige Wort. Wenn wir im Wort bleiben, ist der Friede ohne Ende. Er fließt wie ein Strom.

3.
Verlaß dich auf den HERRN von ganzem Herzen, und verlaß dich nicht auf deinen Verstand, sondern gedenke an ihn in allen deinen Wegen, so wird er dich recht führen. Dünke dich nicht weise zu sein, sondern fürchte den HERRN und weiche vom Bösen. Das wird deinem Leibe heilsam sein und deine Gebeine erquicken (Spr 3, 5–8).

Wenn der Geist ruhig ist, dann bleibt der Körper auch gesund. Der Weise vertraut auf Gott, anstatt sich Sorgen zu machen. Ich habe Jahre damit verbracht, über alles nachzudenken und alles herauszubekommen, und dies hatte nachteilige Auswirkungen auf meine Gesundheit. Mit zweiundfünfzig fühle ich mich körperlich viel besser, als ich mich mit fünfunddreißig fühlte. Warum? Ich mache mir heute keine Sorgen mehr. Ich habe gelernt, meine Sorgen auf Gott zu werfen, so dass ich nicht unter ständigem Druck leben muss.

Zu lernen, meine Sorgen abzugeben, hat auch verhindert, dass sich Zwietracht zwischen Dave und mich stellt. In der Vergangenheit hätte ich Dave gedrängt, nur damit er die Dinge so sieht wie ich. Heute ziehe ich mich zurück und bitte Gott zu ändern, was geändert werden muss.

4.
Wer unvorsichtig herausfährt mit Worten, sticht wie ein Schwert; aber die Zunge der Weisen bringt Heilung (Spr 12, 18).

Vorschnelles Reden verursacht oft Streit. Der Begriff »sticht wie ein Schwert« beschreibt verletzende Worte, die erstechen und verwunden. Aber ein Weiser kann seinen Mund dazu gebrauchen, dass er Heilung bringt. Haben Sie immer den Mund voll des Wortes Gottes, und nicht mit Ihren eigenen Worten. Ihre Gesundheit wird sich verbessern! Ich weiß es aus eigener Erfahrung.

> **5.**
> Ein fröhliches Herz tut dem Leibe wohl; aber
> ein betrübtes Gemüt läßt das Gebein verdorren
> (Spr 17, 22).

Hätte man das noch einfacher sagen können? Ein Mensch, der glücklich ist, ein leichtes Herz hat und fröhlich ist, wird gesund sein. Ein zorniger Mensch ist weder fröhlich noch glücklich, und sehr wahrscheinlich auch nicht gesund. Jesus gab uns die Antwort auf die potentiellen Stressoren in unserem Leben. Er sagte:

> Ich möchte, daß ihr vollkommenen Frieden und
> Zuversicht habt. In der Welt werdet ihr Kummer
> und Sorgen und Verzweiflung und Frustration
> ausgesetzt sein; aber bleibt guten Mutes, denn
> ich habe die Welt überwunden. [Ich habe ihr
> die Macht genommen, euch zu schaden, und ich
> habe sie für euch erobert.] (Joh. 16, 33, in der
> Formulierung der Autorin).

Der Stress von Verkehr, Arbeit, Kindern oder Beziehungen hat nicht die Macht, Ihnen zu schaden, wenn Sie ruhig und fröhlich bleiben. Sicherlich hätte Jesus uns nicht in einer Welt gelassen, die die Macht hat, uns krank zu machen, ohne uns die Lösung mitzuliefern. Stress ist in der Welt, aber Jesus ist in uns.

> Kinder, ihr seid von Gott und habt jene über-
> wunden; denn der in euch ist, ist größer als der,
> der in der Welt ist (1. Jo 4, 4).

Aber der Stress in der Welt ist nicht der einzige Stress, der einen Gläubigen befallen kann. Manchmal liegt die Quelle für unseren Stress in uns selbst – wir haben Zwietracht in uns.

10.
LIEGEN SIE MIT SICH SELBST IM STREIT?

● Die Bibel ist ein Buch über Beziehungen. Drei besondere Beziehungen scheinen ihr am wichtigsten zu sein: unsere Beziehung mit Gott, mit uns selbst und mit unserem Nächsten. Vor vielen Jahren gab es eine Zeit in meinem Leben, als ich nach einem Weg suchte, in Frieden zu leben. Ich wollte nicht länger nur vom Frieden hören, ich war fest entschlossen herauszufinden, wie man ein friedvolles Leben genießen kann. Es ist nicht möglich, das Leben zu lieben, ohne Frieden zu haben. Eines Tages las ich den folgenden Bibelvers:

> Denn wer das Leben lieben und gute Tage
> [gut – ob offensichtlich oder nicht] sehen will,
> der hüte seine Zunge, daß sie nichts Böses
> (Verrat, Betrug) rede, und seine Lippen, daß sie
> nicht betrügen. Er wende sich ab vom Bösen
> und tue Gutes; er suche Frieden (Harmonie;
> unberührt von Ängsten, aufwühlenden Leidenschaften, und moralischen Konflikten) und jage
> ihm nach. [Wünscht euch nicht nur eine friedvolle Beziehung mit Gott, mit euren Nächsten
> und mit euch selbst, sondern verfolgt dieses Ziel,
> strebt es an!] (1. Petr 3, 10–11).

Ich lese heute noch gern diesen Abschnitt und sauge die Kraft aus seinen Grundsätzen für ein erfolgreiches tägliches Leben. Es gibt vier aus-

drückliche Grundsätze für den Menschen, der sich wünscht, das Leben zu lieben.
1. Hüte deine Zunge, dass sie nichts Böses rede.
2. Wende dich ab vom Bösen.
3. Tue Gutes.
4. Suche Frieden.

1. Hüte deine Zunge, dass sie nichts Böses rede

Das Wort Gottes sagt ganz klar, dass die Macht über Leben und Tod im Mund liegt. Ich kann durch meine Worte Segen oder Elend in mein Leben bringen. Ich muss meine Worte sorgfältig wählen, wenn ich mein Leben genießen will.

2. Wende dich ab vom Bösen

Wir müssen es selbst in die Hand nehmen, uns von Bosheit oder von einer bösartigen Umgebung fern zu halten. Das erste Buch der Psalmen lehrt uns, es zu vermeiden, untätig auf dem Weg der Sünder zu sitzen. Was wir dazu tun müssen, könnte sein, dass wir uns andere Freunde suchen und allein Mittag essen, anstatt mitten unter Bürogeschwätz zu sitzen. Es kann sogar bedeuten, für eine gewisse Zeit die Einsamkeit vorzuziehen. Ein neuer Anfang ist immer mit einem Ende verbunden. Der Wunsch nach einem neuen Leben – eines, das erfüllt ist mit Gerechtigkeit, Frieden und Freude – wird den Tod von einigen Dingen erfordern, solange wir darauf warten, dass Gott uns neue Dinge gibt.

3. Tue Gutes

Die Entscheidung, das Richtige zu tun, muss der Entscheidung folgen, damit aufzuhören, das Falsche zu tun. Es mag den Anschein haben, dass die eine Entscheidung automatisch auf die andere folgt, aber das ist nicht so. Beide sind ganz eindeutige Entscheidungen. Reue ist zweifach: Sie erfordert das Abwenden von der Sünde und das Hinwenden zur Gerechtigkeit. Manche Menschen wenden sich von der Sünde ab, aber sie treffen niemals die Entscheidung zu beginnen, das Richtige zu tun. Darum werden sie wieder zurück in die Sünde gelockt.

Die Bibel ist voll mit dem folgenden »positiven Ersetzungsprinzip«:

> Darum legt die Lüge ab und redet die Wahrheit, ein jeder mit seinem Nächsten, weil wir untereinander Glieder sind. .... Wer gestohlen hat, der stehle nicht mehr, sondern arbeite und schaffe mit eigenen Händen das nötige Gut, damit er dem Bedürftigen abgeben kann (Eph 4, 25,28).

4. Suche Frieden

Dies ist die vierte Anweisung an den Menschen, der wirklich das Leben lieben will (1. Petr 3, 11). Beachten Sie, dass wir ihn suchen und ihm nachjagen müssen. Es reicht nicht, sich nur Frieden zu wünschen, ohne irgendeine begleitende Aktivität, sondern wir müssen bei unserer Suche nach Frieden selbst aktiv sein. Bei unserer Suche nach Frieden müssen wir daran denken, dass es um drei besondere Beziehungen geht, die es zu berücksichtigen gilt: unsere Beziehung mit Gott, mit uns selbst und mit unserem Nächsten.

Sind Sie mit sich selbst im Frieden? Die meisten Menschen sind mit sich selbst im Streit. Da wir mit uns selbst mehr Zeit verbringen als mit irgendjemand anderem sonst, wird dies zu einem bedeutenden Problem. Sie können eben nicht vor sich selbst davonlaufen! Ein Mensch, der mit sich selbst nicht klarkommt, wird wahrscheinlich auch mit anderen nicht zurechtkommen. Wenn Sie sich selbst nicht lieben, dann werden Sie auch andere nicht lieben.

Lernen Sie, sich selbst anzunehmen

Es ist schwierig, sich selbst zu mögen und anzunehmen. Selbstablehnung und Selbsthass sind zwei der größten Probleme, mit denen Menschen sich auseinander setzen müssen. Viele Menschen haben dieses Problem und wissen es nicht. Viele Jahre litt ich darunter, dass ich mich selbst nicht leiden konnte, aber ich dachte, dass dieses Problem von anderen verursacht worden wäre. Ich mochte auch viele andere Leute nicht, und ich konnte spüren, dass die meisten von ihnen mich auch nicht mochten.

So wie wir selbst uns sehen, werden uns auch unsere Mitmenschen sehen. Die Bibel liefert uns hierzu durch das Beispiel im 4. Buch Mose den Beweis. Es berichtet von den zwölf Kundschaftern, die Mose aussandte, um das verheißene Land zu erkunden (siehe 4. Mose 13). Als die Kundschafter von ihrer Erkundung des verheißenen Landes zurückkamen, lieferten zehn der Kundschafter einen sehr negativen Bericht.

> Wir sahen dort auch Riesen, Anaks Söhne aus dem Geschlecht der Riesen, und wir waren in unsern Augen wie Heuschrecken und waren es auch in ihren Augen (4. Mose 13, 33).

Ich wurde nicht gemocht, weil ich selbst mich nicht mochte. Wie können wir erwarten, dass andere uns annehmen, wenn wir selbst uns ablehnen? Wir ernten, was wir säen (siehe Gal. 6, 7). Dieses Problem haben viele Menschen. Ich glaube, dass ein großer Prozentsatz aller Probleme, mit denen Menschen zu kämpfen haben, damit zusammenhängt, wie sie zu sich selbst stehen. Viele Menschen schämen sich ihrer Vergangenheit und machen sich Vorwürfe, und dies muss erst von ihnen genommen werden, bevor ein siegreiches Christsein Einzug halten kann.

Warum Menschen sich selbst ablehnen

Der erste Grund, warum sich die meisten Menschen selbst ablehnen, sind ihre Schwächen und Fehler. Es wäre uns ein Leichtes, uns anzunehmen, wenn wir keine Fehler hätten. Aber wir haben nun einmal Fehler. Die Menschen lehnen sich selbst ab, weil sie ihr »Ich« nicht von ihrem »Tun« trennen können. Was ich *tue*, ist sicher nicht immer vollkommen. Aber ich weiß immer noch, wer ich bin – ein Kind Gottes, das er sehr liebt. Mein Wert entspringt der Tatsache, dass Jesus für mich gestorben ist – und nicht, weil ich alles vollkommen mache (siehe Röm 3, 22–23; 4, 5).

Sie haben einen enormen Wert. Sie sind für Gott etwas Besonderes, und er hat einen guten Plan für Ihr Leben (siehe Jer 29, 11). Sie wurden gekauft mit dem Blut Christi (siehe Apg 20, 28). Die Bibel spricht hier von dem »teuren Blut Christi« (1. Petr 1, 19), und meint damit, dass Christus tatsächlich einen hohen Preis bezahlt hat, um Sie und mich zu erlösen. Glauben Sie es, und Sie werden das neue Leben bekommen. Die Wahrheit wird Ihrer Seele Heilung bringen und Ihr Leben frei machen.

Das Wort Gottes bringt viele Beispiele von schwachen Menschen, die von Gott auserwählt wurden, um große Taten zu seiner Ehre zu vollbringen. Schätzen Sie sich nicht als unbrauchbar ein, nur weil Sie ein paar Schwächen haben. Gott gibt jedem von uns die Gelegenheit, einer von Jesu Erfolgen zu sein. Seine Kraft wird in unserer Schwäche vollkommen (siehe 2. Kor 12, 9). Unsere Schwachheit gibt ihm die Gelegenheit, seine Macht und seine Herrlichkeit zu zeigen.

Machen Sie sich nicht selbst kaputt bei dem Versuch, Ihre Schwächen loszuwerden. Geben Sie sie stattdessen an Jesus ab. Er kann sie verschwinden lassen oder er kann Sie mit seiner Kraft erfüllen. Was mich angeht, ist beides gleich viel wert.

Die Jünger waren einfache Männer mit Schwächen, so wie Sie und ich. Die Evangelien berichten von Petrus als einem raubeinigen, impulsiven Fischer – er war oft ungeduldig, zornig und wütend. In einem entscheidenden Augenblick fürchtete er so sehr, als Jünger Jesu erkannt zu werden, dass er einen Akt der Verleugnung beging, der ihn für ein Kapitel der Geschichte zum »Feigling« abstempelte.

Andreas hatte wohl ein sehr weiches Herz und er war zu freundlich, um mehr als ein Nachfolger zu sein. Er vermied die Rolle des Anführers, war aber bereit, »die zweite Geige« zu spielen, für seinen Bruder Simon Petrus und seine ausgelassenen, von Konkurrenzdenken geprägten Freunde Jakobus und Johannes.

Jakobus und Johannes traten kaum in Erscheinung, außer als ihre Mutter gleichwertige Positionen für sie an der Seite Jesu erbat, wenn er sein Königreich errichten würde. Könnte es sein, dass sie etwas zu ehrgeizig waren?

Thomas war ein Mann, der sich davor fürchtete, sein Vertrauen in seinen Anführer zu setzen. Er brauchte für alles einen Beweis, bevor er es annehmen konnte.

Und dann war da noch Matthäus. Die religiösen Anführer seiner Zeit waren außer sich, dass Jesus es auch nur in Betracht zog, sich mit diesem gewöhnlichen Steuereinnehmer abzugeben. Stellen Sie sich ihre Abscheu vor, als Jesus mit ihm in seinem Haus zu Abend aß und ihn einlud, einer seiner Jünger und engsten Freunde zu werden.

Der wahrscheinlich einzige Mann, dem die religiösen Anführer seiner Zeit überhaupt Anerkennung gezollt hätten, war Judas. In den Augen der Welt hatte Judas Geschäftssinn und eine starke Persönlichkeit, die durchaus Erfolg versprechend war. Aber seine größten angeborenen Stärken wurden zu seinen größten Schwächen – und zerstörten sein Leben.

Sehen Sie Schwächen, wie Jesus sie sieht

Ich finde es interessant, dass die Menschen, die in der Welt Anerkennung fanden, von Jesus abgelehnt wurden. Und über die Menschen, die von der Welt abgelehnt wurden, sagte Jesus im Wesentlichen: »Gebt sie mir. Mir ist es egal, wie viele Fehler sie haben. Wenn sie mir vertrauen, kann ich große und mächtige Dinge durch sie tun.«

Jesus betete die ganze Nacht, bevor er die zwölf Männer auswählte, die für die nächsten drei Jahre seine engsten Begleiter sein sollten. Sie hatten viele Schwächen, und er wusste es, als er sie in diese Beziehung mit ihm einlud. Aber mit Ausnahme von Judas Ischariot führten sie

Jesu Werk nach seinem Tod, Auferstehung und Himmelfahrt tatkräftig weiter.

Im ersten Korintherbrief 1, 25–29 wird das Herz Gottes gegenüber den Menschen mit Schwächen enthüllt.

> Denn die Torheit Gottes [die ihren Ursprung in Gott hat] ist weiser, als die Menschen sind, und die Schwachheit Gottes [die ihren Ursprung in Gott hat] ist stärker, als die Menschen sind. Seht doch, liebe Brüder, [einfach] auf eure Berufung. Nicht viele Weise nach dem Fleisch, nicht viele Mächtige, nicht viele Angesehene sind berufen. Sondern was töricht ist vor der Welt, das hat Gott (freiwillig) erwählt, damit er die Weisen zuschanden mache; und was schwach ist vor der Welt, das hat Gott erwählt, damit er zuschanden mache, was stark ist; und das Geringe vor der Welt und das Verachtete hat Gott erwählt, das, was nichts ist, damit er zunichte mache, was etwas ist, damit sich kein Mensch vor Gott rühme.

Das ist ja phantastisch! Diese Bibelverse geben mir solch eine Hoffnung für meine Zukunft. Gott kann sogar mich benutzen! Und Gott kann Sie benutzen! Ich ermutige Sie, Ihre Augen abzuwenden von Ihren Gedanken, was mit Ihnen falsch sein könnte, und stattdessen auf Jesus zu sehen. Holen Sie sich Kraft aus seiner grenzenlosen Macht. Lassen Sie Ihre Schwächen mit seiner Kraft füllen. Wir sind alle gleich in Christus. Beispielsweise könnte einer ein Verhältnis von 10% Schwäche zu 90% Stärke haben. Die Werte eines anderen liegen bei 40% Schwäche zu 60% Stärke. Wir würden nach unseren menschlichen Maßstäben natürlich sagen, dass die zweite Person schwächer ist als die erste und darum weniger geeignet oder wünschenswert für irgendeine Aufgabe.

Aber Gott sieht und beurteilt nicht, wie der Mensch es tut. Beide Personen sind vor Christus gleichwertig, einfach, weil er bereit ist, jedem Einzelnen die fehlende Stärke zu geben. In Christus handeln also beide auf dem gleichen Niveau oder mit der gleichen Kraft.

Dies ist eine wunderbare biblische Wahrheit, und sie befreit uns dazu, alles zu sein, was wir sein können – ohne die Angst vor Ablehnung und ohne unsere inneren Schwächen fürchten zu müssen. Wenn Sie diese Wahrheit für sich annehmen, werden Sie niemals wieder mit sich im Streit liegen müssen!

Viele Jahre lang stand ich mit Joyce auf Kriegsfuß. Ich konnte mich nicht leiden, und ich versuchte ständig, mich zu verändern. Je mehr ich mich bemühte, mich zu verändern, um so frustrierter wurde ich, bis zu dem herrlichen Tag, als ich entdeckte, dass Jesus mich so annahm, wie ich war. Er, und nur er, konnte mich dahin bringen, wo ich hingehörte. Keine noch so großen Bemühungen oder Anstrengungen aus eigener Kraft konnten meine Fehler aufheben. Es ist erreicht »nicht durch Heer oder Kraft, sondern durch meinen Geist, spricht der HERR Zebaoth« (Sach. 4, 6).

Kürzlich erzählte mir eine Frau, wie sie nach einem unserer Seminare vom Geist der Zwietracht befreit worden war. »Mein Leben war so von Zwietracht erfüllt, dass es keinen Bereich und keine Beziehung gab, in der nicht Zwietracht herrschte oder die nicht davon gesteuert war«, sagte sie. Sie hörte Leute von »dem Frieden Gottes, der höher ist als jede Vernunft« reden, aber sie verstand einfach nicht, was sie damit meinten. Sie sagte, dass sie sich nach dem Seminar anders fühlte.

Aber nachdem sie die Veranstaltungen besucht hatte, in denen ich den Geist der Zwietracht erklärte, erlebte sie zum ersten Mal in ihrem Leben Frieden. Der Friede war so stark präsent in ihr, dass sie, als sie am nächsten Morgen aufstehen wollte, nicht einmal wusste, wie sie aus dem Bett kommen sollte. Sie musste tatsächlich einige der einfachsten Dinge im Leben wieder ganz neu lernen.

Das kam daher, dass alles, was sie tat, von der Zwietracht motiviert und mit Zwietracht getan war. Ständig beurteilte, kritisierte sie sich und war von sich enttäuscht. Da sie sich selbst ablehnte, lehnte sie auch alle Fähigkeiten ab, die Gott ihr gegeben hatte. Sie fühlte sich schrecklich, und so drängte sie unablässig danach, besser zu werden. Sie hatte nur Verachtung übrig für alle ihre Fehler und Schwächen, was sie daran hinderte, ihre Stärken zu erkennen.

Sie sehen, wir haben beides in uns – Stärken und Schwächen. Der Apostel Paulus bekannte:

> Darum will ich mich am allerliebsten rühmen meiner Schwachheit, damit die Kraft Christi (des Messias) bei mir wohne (ja, ein Zelt über mir aufschlage und bei mir bleibe)! (2. Kor 12, 9).

Er kämpfte mit seinen Schwächen, aber er lernte, dass die Kraft und die Barmherzigkeit Christi ausreichten.

Wissen, auf wen man sich verlassen kann

Mit anderen Worten, Gott sagte: »Paulus, ich muss mir dieses Problem nicht unbedingt vom Hals schaffen, und du brauchst dir keine Sorgen darum zu machen. Ich werde es mit meiner Stärke füllen, und das ist dasselbe, als wenn es verschwunden wäre – *so lange du dich auf mich verlässt*!«

Jetzt sehen wir unser eigentliches Problem klar und deutlich. Wir sind unabhängig, und die Vorstellung, sich ständig auf jemand anderen zu verlassen, gefällt uns gar nicht. Ich neige dazu, mit Menschen hart umzugehen, ganz besonders, wenn mich jemand geärgert hat, und ich bin ziemlich ungeduldig. Wir wissen, dass dies kein guter Charakterzug für einen Gläubigen ist.

Jahrelang versuchte ich, freundlich zu sein. Ich beschloss, und übte alle Selbstkontrolle, die ich aufbringen konnte. Obwohl ich mich besserte, waren da immer noch diese schrecklichen Augenblicke, in denen mein wahres Ich an die Oberfläche kam. Nach Jahren des Fragens: »Wie kann Gott mich jemals gebrauchen? Wie kann er mir vertrauen? Was, wenn ich jemanden beleidige?« zeigte mir Gott schließlich, dass mein dauerhafter Sieg davon abhängig war, dass ich dauerhaft in ihm blieb und mich auf ihn verließ.

> Ich bin der Weinstock, ihr seid die Reben.
> Wer in mir bleibt und ich in ihm, der bringt

> viel Frucht (im Überfluß); denn ohne mich
> [abgeschnitten von der lebenswichtigen Verbindung mit mir] könnt ihr nichts tun (Joh 15, 5).
>
> Bleibt in mir und ich in euch. [Lebt in mir, und ich will in euch leben] Wie die Rebe keine Frucht bringen kann aus sich selbst, wenn sie nicht am Weinstock bleibt (lebendig verbunden ist), so auch ihr nicht, wenn ihr nicht in mir bleibt (Joh 15, 4).

Das Wissen um diese Wahrheit zwingt mich dazu, mich auf ihn dauerhaft zu verlassen. Mein Bedürfnis bringt mich dazu, sein Gesicht zu suchen. Ich kann ihn nicht ehren, wenn ich mich nicht auf ihn verlasse. Gott braucht sich nicht auf mich zu verlassen – ich muss mich auf ihn verlassen. Er hat mich berufen, in seinem Namen zu wirken. Weil er mich berufen hat, füllte er mich mit dem Wunsch, dies zu tun. Dennoch weiß ich, dass meine Fehler und Schwächen mich davon abhalten können, mein Ziel zu erreichen. Jahrelang kämpfte ich mit meinen Fehlern, und ich kam niemals über dieses Schlachtfeld hinaus.

Ich bin sicher, dass die Leute mich beobachtet haben und sagten: »-Keine Chance! Gott kann dich nicht dazu berufen, etwas Großes zu tun.« Ich wollte Gott glauben, und glauben, was mir mein Herz sagte, aber ich hörte die Stimmen der Leute und ließ mich von ihrer Meinung beeinflussen.

Ich hörte auf den Teufel, der mir tagtäglich alle meine Fehler und Unfähigkeit vor Augen führte. Er erinnerte mich daran, wie oft ich versucht hatte, mich zu ändern, und immer wieder gescheitert war. Aber dann erreichte mich das Licht von Römer 7, 24–25.

> Ich elender Mensch! Wer wird mich erlösen von
> [den Fesseln dieses] diesem todverfallenen
> Leibe? Dank sei Gott [Er wird es tun!] durch
> Jesus Christus [den Gesalbten], unsern Herrn!

Schließlich konnte ich durch Gottes Gnade glauben, dass er mich absichtlich auserwählt hatte. Ich war nicht »als letzter Ausweg zum Herrn geschubst« worden, nachdem er bereits vergeblich versucht hatte, zweihundert andere zu bekommen. *Er hat mich erwählt!* Er erwählt mit voller Absicht die, die die Welt schwach und töricht nennen würde, und er tut dies, um die Weisen zu verwirren (siehe 1. Kor 1, 27).

Entscheiden Sie sich heute, die Zwietracht mit sich selbst zu beenden. Kommen Sie mit sich selbst ins Reine. Lernen Sie, über sich ein wenig zu lachen. Seien Sie nicht so ernst. Gott belässt selbst der Elite seiner Heiligen einige Unvollkommenheiten, um damit sicherzustellen, dass sie sich immer auf ihn verlassen müssen.

Gott enthüllt mir oft etwas über mich selbst, was er vor anderen verborgen hält. Ich fühle mich vielleicht schrecklich, aber andere halten mich für wunderbar. Oh, wie wahrhaft wunderbar ist doch unser Gott! Er kann zur gleichen Zeit enthüllen und verbergen. Er zeigt mir meine Fehler, damit ich demütig bleibe. Er verbirgt sie vor anderen, damit sie keinen Fehler an mir finden. Ich gehöre zu Gott. Meine Fehler sind Gottes Sache – und seine ganz allein.

Hüten Sie sich davor, über andere zu richten

Wenn ein Nachbar an meine Tür käme und sich über die Frisur meines Sohnes beschweren würde, würde ich ihm (hoffentlich höflich) sagen, dass er sich um seine eigenen Angelegenheiten kümmern solle. Mein Kind ist nicht seine Sache. Und genau dieselbe schützende Haltung hat unser himmlischer Vater zu seinen Kindern. Satan ist »der Verkläger unserer Brüder« (Offb 12, 10), aber er ist auch ein Lügner (siehe Joh 8, 44). Wir dürfen nicht übereinander richten.

> Wer bist du, daß du einen fremden Knecht richtest? Er steht oder fällt seinem Herrn. Er wird aber stehen bleiben; denn der Herr (Gott) kann ihn aufrecht halten (Röm 14, 4).

Ich stehe, weil Jesus mich aufrecht hält. Wenn ein Kind laufen lernt, sind die Eltern immer in seiner Nähe, halten seine Hand und helfen ihm, das Gleichgewicht zu halten, damit es nicht fällt und sich wehtut. Ich stehe, weil mein Vater mich stützt und aufrecht hält! Ich werde durch seine Kraft gehalten, nicht durch meine eigene!

Sind Sie mit sich selbst in Zwietracht, weil andere Menschen Sie verurteilen oder ihre Meinung sagen? Sehen Sie sich den Kommentar von Paulus über die Kritik an anderen an.

> Mir [persönlich] aber ist's ein Geringes, daß ich
> von euch gerichtet werde [in diesem Punkt]
> oder von einem menschlichen Gericht; auch
> richte ich mich selbst nicht (1. Kor 4, 3).

Einige Leute verurteilten Paulus' Glauben. Er versuchte, weder sich zu verteidigen, noch wurde er zornig darüber. Er sagte einfach: »Es interessiert mich nicht, was ihr denkt. Ich verurteile mich noch nicht einmal selbst.« Früher habe ich oft diesen Vers aufgeschlagen und ihn eingesogen, im Vertrauen darauf, dass die Kraft von Gottes Wort mich von Selbstverurteilung und Kritik befreit.

Sie können den Feind nicht bezwingen, aber Gottes Wort kann es. Vertrauen Sie darauf, dass das Wort Gottes Sie befreit, und nicht Sie selbst. Wenden Sie sich an Gottes Wort, wenn Sie in Schwierigkeiten sind. Wenn die Versuchung an Ihre Tür klopft, antworten Sie mit Gottes Wort.

Warum ist es so wichtig, dass die Menschen die Zwietracht mit sich selbst beenden? Wir können keinen Frieden erlangen, solange wir nicht zuerst gerecht vor Gott geworden sind. Das Reich Gottes ist Gerechtigkeit, Friede und Freude im Heiligen Geist (siehe Röm 14, 17). Dieser Grundsatz des Reiches Gottes zeigt mir eine logische Folge. Wenn ich Freude haben möchte, muss ich Frieden haben, und um Frieden haben zu können, muss ich die Gerechtigkeit Gottes haben – eine funktionierende Realität der Gerechtigkeit Gottes, nicht nur einfach ein Bekenntnis der Gerechtigkeit.

Bekennen Sie Ihre Gerechtigkeit

Wir beginnen mit einem Bekenntnis der Gerechtigkeit. Wir rufen die Dinge, die nicht existieren, als wenn sie da wären (siehe Röm 4, 17). Das ist unser Privileg als Kinder Gottes. Er spricht auch von dem, was nicht existiert, als wenn es dies schon gäbe. Gott sagte Abram, dass er ihn zum Vater vieler Völker gemacht habe, noch bevor Abram ein Kind hatte, das sein Erbe sein konnte. Gott sprach davon, als wenn es bereits eingetreten wäre, und wir haben dasselbe Privileg.

Ich kann von mir sagen, dass ich die Gerechtigkeit Gottes in Christus habe, weil das Wort Gottes es sagt (siehe 2. Kor 5, 21). Je öfter ich es sage, um so stärker wächst diese Realität in mir. Aber damit ich wahren Frieden erlangen kann, muss die Gerechtigkeit als Wahrheit in meiner Seele verankert werden. Ich muss wissen, dass ich weiß, dass ich weiß. Die Gerechtigkeit Gottes muss so fest in meinem Herzen verankert sein, dass »der Verkläger unserer Brüder« (Offb 12, 10) sie mir mit seinen Lügen nicht nehmen kann.

Ich muss durch das Blut Christi so stark in der Gerechtigkeit Gottes verankert sein, dass ich nicht durch den Anblick meiner eigenen Fehler besiegt werde. Abraham »wurde nicht schwach im Glauben, als er auf seinen eigenen Leib sah, der schon erstorben war, weil er fast hundertjährig war, und auf den erstorbenen Leib der Sara« (Röm 4, 19).

Abraham glaubte Gott, und es wurde ihm zur Gerechtigkeit angerechnet. Ich bin gerecht – nicht weil ich niemals einen Fehler mache, sondern weil Jesus niemals einen machte. Er ist der Vollkommene, und durch meinen Glauben an ihn sieht mich der Vater ebenfalls als gerecht an. Sie und ich, wir können alle Zwietracht mit uns abstreifen und in diesen gesegneten Frieden eintreten, der zu einem freuderfüllten Leben führt. Jesus erkaufte dieses Leben für uns mit seinem Tod und seiner Auferstehung.

11.
ZWIETRACHT MIT GOTT

● Wir haben über die Bedeutung gesprochen, mit sich selbst im Frieden zu sein. Nun will ich Ihnen erklären, warum es so wichtig ist, nicht mit Gott in Zwietracht zu sein. Es mag Ihnen seltsam vorkommen, aber viele Menschen sind aus den unterschiedlichsten Gründen böse auf Gott. Gott ist nicht die Quelle aller Probleme. Er ist vielmehr der *Einzige*, der uns helfen kann!

Sehen wir uns noch einmal die grundlegenden Prinzipien in 1. Petrus 3, 10–11 an.

> Denn wer das Leben lieben und gute Tage [gut – ob offensichtlich oder nicht] sehen will, der hüte seine Zunge, daß sie nichts Böses (Verrat, Betrug) rede, und seine Lippen, daß sie nicht betrügen. Er wende sich ab vom Bösen und tue Gutes; er suche Frieden (Harmonie; unberührt von Ängsten, aufwühlenden Leidenschaften, und moralischen Konflikten) und jage ihm nach. [- Wünscht euch nicht nur eine friedvolle Beziehung mit Gott, mit euren Nächsten und mit euch selbst, sondern verfolgt dieses Ziel, strebt es an!] (1. Petr 3, 10–11).

Sind Sie zornig auf Gott?

Warum gehen Menschen in diese Falle? Ich war schockiert, als Gott mir aufs Herz legte, dass ich bei Veranstaltungen über diese Verse predigen sollte. Ich konnte nicht glauben, dass es viele Menschen gab, die eine Predigt über den Zorn auf Gott nötig hatten, aber ich irrte mich. Ein verborgener Graben zwischen den Menschen und Gott ist ein elementarer Grund für viele emotionale Probleme. Er ist der Grund für Bitterkeit und eine gestörte Einstellung zum Leben, was jeder Art von Elend und Unruhe Tür und Tor öffnet.

Der Mensch ist dazu geschaffen, von Gott Liebe zu bekommen, um sie zu genießen und darin zu schwelgen. Er soll diese Liebe verschwenderisch an Gott zurückgeben und auch an die Welt um ihn herum. Gott schuf den Menschen für die Beziehung mit ihm – für eine warme, zärtliche, liebevolle, offene Freundschaft. Immer wenn diese innige Beziehung fehlt oder irgendwie behindert wird, leidet der Mensch.

Das Problem von Schuld und Verdammnis

Wenn sich ein Mensch von der Freundschaft mit Gott zurückzieht, weil er sich wegen seiner eigenen Sünden und Schwächen schuldig fühlt und sich darum verdammt, bringt sich dieser Mensch in einen Zustand dauernder Not. Er unterbricht die einzige Kraftquelle, die ihm helfen kann. Durch Christus ist Gott mein Helfer, wenn ich sündige. Seine Barmherzigkeit verschlingt meine Sünde, wenn ich daran glaube und sie empfange. Er ist der Eine, der mich stärken kann, ganz gleich, welche Schwäche ich habe. Da nur Gott mir helfen kann, ist es reine Torheit, wenn ich mich selbst von ihm abschneide.

Das Schlimmste, das ein Mensch tun kann, wenn er in seinem Leben Probleme hat, ist, Gott für diese Probleme verantwortlich zu machen. Gott will uns helfen! Er ist nicht der Unruhestifter – das ist der Teufel. Es ist die Welt, das Fleisch und der Teufel, die uns Probleme bereiten – nicht Gott!

Das bedeutet aber keineswegs, dass Gott uns niemals auf einen Weg führen würde, den wir lieber nicht einschlagen würden – das tut er nämlich. Die Israeliten wären lieber einen kürzeren Weg ins verheißene Land gegangen. Aber Gott hatte einen Grund dafür, sie auf diesem Weg zu führen.

> Als nun der Pharao das Volk hatte ziehen lassen, führte sie Gott nicht den Weg durch das Land der Philister, der am nächsten war; denn Gott dachte, es könnte das Volk gereuen, wenn sie Kämpfe vor sich sähen, und sie könnten wieder nach Ägypten umkehren. Darum ließ er das Volk einen Umweg machen und führte es durch die Wüste zum Schilfmeer. Und Israel zog wohl geordnet aus Ägyptenland (2. Mose, 13, 17–18).

Gott weiß, was für uns das Beste ist. Es gibt Zeiten, da wünschen wir einen bestimmten Weg zu gehen. Wir sind versucht, zornig auf Gott zu sein, wenn er uns einen anderen Weg weist. Entschließen Sie sich, darauf zu vertrauen, dass Gott weiß, was das Beste für Sie ist. Gott ist Ihr Freund – Ihr bester Freund. Sie werden niemals einen Freund wie Jesus haben.

Enttäuschungen über das Leben, Menschen oder über Umstände können sich zu einer Enttäuschung über Gott entwickeln. Und genau das will der Teufel erreichen! Wenn Sie zornig auf Gott sind, verbittert oder verärgert, gibt er Ihnen bei der Lektüre dieses Buches eine Gelegenheit, aus der Falle befreit zu werden, die Satan Ihnen gestellt hat. Gott ist Ihr Helfer – nicht Ihr Feind.

Wie steht es mit all den schwierigen Dingen, die in unserem Leben geschehen? Ich habe keine allgemein gültige Antwort auf alle Enttäuschungen des Lebens. In meinem eigenen Leben bin ich oft sehr verwirrt, wenn ich versuche, auf alles eine Antwort zu finden. Verwirrung kommt nicht von Gott, und deshalb habe ich beschlossen, nicht zu grübeln.

Fünfzehn Jahre meiner Kindheit – von 3 bis 18 Jahren – waren erfüllt mit sexuellem Missbrauch, der emotionales Leid der schlimmsten Art mit sich brachte. Ich verbrachte die nächsten dreißig Jahre oder länger damit, die ersten achtzehn Jahre zu verkraften. Ich war verbittert gegenüber dem Leben und den Menschen. Ich missgönnte es Menschen, wenn sie ein schönes Leben hatten und nicht die Todesangst durchlitten hatten wie ich. Ich wusste nicht, wie ich die Liebe, Gnade und Barmherzigkeit Gottes empfangen sollte, die ich so dringend brauchte.

Aber mir wurde die Qual erspart, böse auf Gott zu sein. Viele Menschen, die missbraucht wurden, werden böse auf Gott. Sie können nicht verstehen, warum Gott ihnen nicht geholfen hat. Sie können ihm nicht vertrauen.

Ich kann verstehen, wie es dazu kommen kann. Ich war voller Fragen. Warum kann ein liebender Gott danebenstehen und zusehen, wie ein Kind so schrecklich leiden muss? Warum hat er das Leid nicht unterbrochen? Wir wissen, dass Gott alles tun kann, was er will. Wir verstehen nicht, warum er Dinge, die uns Schmerzen bereiten, nicht verhindert.

Gott gab mir einige Antworten, um meine Fragen zu beantworten, aber ich muss mich immer noch mit der Wahrheit trösten, dass wir nur »stückweise erkennen« (1. Kor 13, 12). Mit unserem begrenzten Verstand können wir Krebs nicht begreifen, nicht, dass Liebende durch den Tod auseinander gerissen werden, nicht Missbrauch, Drogen, Alkohol, Krieg, und viele andere Dinge, die beinahe unerträgliches Leid mit sich bringen. Unser Trost muss aus dem Vertrauen zu Gott kommen.

Die Sünde und das Böse herrschen in der Welt. Der jahrhundertealte Krieg zwischen den Mächten von Gut und Böse tobt noch immer, und ich befürchte, er wird bis ans Ende der Zeit andauern. Manchmal scheint es, dass das Böse über das Gute triumphiert hat, aber letztlich gehört der Sieg denen, die ihr Vertrauen auf Gott setzen.

Vermeiden Sie Zwietracht mit Gott

Hiob war ein Mann, der Gott vertraute. Doch als sein Glaube im Feuerofen der Bedrängnis versucht wurde, stellte er dieselben Fragen, die auch wir stellen.

> Ich vergehe! Ich leb' ja nicht ewig. Laß ab von mir, denn meine Tage sind nur noch ein Hauch (von Sinnlosigkeit). Was ist der Mensch, daß du

> ihn groß achtest und dich um ihn bekümmerst?
> Jeden Morgen suchst du ihn heim und prüfst
> ihn alle Stunden.
>
> Warum blickst du nicht einmal von mir weg und läßt mir keinen Atemzug Ruhe? Hab ich gesündigt, was tue ich dir damit an, du Menschenhüter? Warum machst du mich zum Ziel deiner Anläufe, daß ich mir selbst eine Last bin? Und warum vergibst du mir meine Sünde nicht oder läßt meine Schuld hingehen? Denn nun werde ich mich in die Erde legen, und wenn du mich suchst, [wird es zu spät sein, denn dann] werde ich nicht mehr dasein (Hiob 7, 16–21).

Hiob war verbittert und entmutigt. Er fragte Gott und wollte sterben, weil er so sehr litt. Er war verwirrt, weil Gott ihn noch nicht erlöst hatte. Aber wir müssen das Ende der Geschichte lesen.

> Und der HERR wandte das Geschick Hiobs, als
> er für seine Freunde Fürbitte tat. Und der HERR
> gab Hiob doppelt so viel, wie er gehabt hatte
> (Hiob 42, 10).

Als Hiob seinen Zorn gegen Gott und die Menschen aufgab, kam sein Durchbruch. Der Psalmist machte die gleiche Erfahrung. Lesen wir einmal die Entwicklung seiner Gefühle.

> Siehe, das sind die Gottlosen; die sind glücklich
> in der Welt und werden reich. Soll es denn
> umsonst sein, dass ich mein Herz rein hielt und
> meine Hände in Unschuld wasche? Ich bin doch
> täglich geplagt, und meine Züchtigung ist
> alle Morgen da.
>
> Hätte ich gedacht [und so meinen Gefühlen

Ausdruck verliehen]: Ich will reden wie sie, siehe, dann hätte ich das Geschlecht deiner Kinder verleugnet. So sann ich nach, ob ich's begreifen könnte, aber es war mir zu schwer, bis ich ging in das Heiligtum Gottes und merkte auf ihr Ende.

Ja, du stellst sie [die Gottlosen] auf schlüpfrigen Grund und stürzest sie zu Boden. Wie werden sie so plötzlich zunichte! Sie gehen unter und nehmen ein Ende mit Schrecken. Wie ein Traum [der wirklich zu sein scheint] verschmäht wird, wenn man erwacht, so verschmähst du, Herr, ihr Bild, wenn du dich erhebst.

Als es mir wehe tat im Herzen und mich stach in meinen Nieren [wie mit dem scharfen Giftzahn einer Natter], da war ich ein Narr und wußte nichts, ich war wie ein Tier vor dir. Dennoch bleibe ich stets an dir; denn du hältst mich bei meiner rechten Hand, du leitest mich nach deinem Rat und nimmst mich am Ende mit Ehren an. Wenn ich nur dich habe, so frage ich nichts nach Himmel und Erde. Wenn mir gleich Leib und Seele verschmachtet, so bist du doch, Gott, allezeit meines Herzens Trost und mein Teil.

Denn siehe, die von dir weichen, werden umkommen; du bringst um alle, die dir die Treue brechen. Aber das ist meine Freude, daß ich mich zu Gott halte und meine Zuversicht setze auf Gott den HERRN, dass ich verkündige all dein Tun (Ps 73, 12–28).

Und nun erlauben Sie mir, diese Passage mit meinen eigenen Worten zu umschreiben.

> Gott, es scheint tatsächlich so zu sein, dass die Gottlosen immer wohlhabender werden als ich und dass sie besser beraten sind als ich. Ich versuche, ein gottesfürchtiges Leben zu führen, aber es scheint mir keinen Nutzen zu bringen. Es scheint alles vergebens zu sein. Ich habe nichts als Sorgen, und wenn ich versuche, es zu verstehen, ist der Schmerz zu groß für mich. Dennoch habe ich Zeit mit dir verbracht, und ich kann verstehen, dass am Ende die Gottlosen ruiniert und zerstört werden.
>
> Mein Herz trauerte. Ich war verbittert und in Aufruhr. Ich war dumm, Gott, unwissend und verhielt mich wie ein Tier. Nun sehe ich, dass du immer bei mir bist. Du hältst mich an der rechten Hand. Wen habe ich im Himmel, Gott, außer dir? Wer wird mir helfen? Wenn du es nicht tust, gibt es niemanden auf der Erde, der mir helfen könnte. Du bist meine Kraft und mein Teil für immer. Es ist gut für mich, dir zu vertrauen, oh Herr, und dich zu meiner Zuflucht zu machen.

Es gibt noch viele andere Beispiele im Wort Gottes von Männern und Frauen, die nicht verstanden, was mit ihnen passierte. Sie gingen durch Zeiten des Fragens, Zweifelns, Beschuldigens und sogar der Kritik an Gott. Aber sie stellten fest, dass sie dumm gewesen waren. Sie bereuten und wandten sich wieder Gott zu und vertrauten ihm, anstatt zornig auf ihn zu sein.

Vergebung steht zwischen Niederlage und Sieg

Ich ermutige Menschen, die auf Gott zornig waren, den Prozess zu durchlaufen und ihm zu vergeben. Gott braucht unsere Vergebung nicht. Aber wir müssen uns durch diesen Prozess durcharbeiten und Vergebung in Worte fassen, um von dem Zorn, der Verbitterung und dem Ärger in unserem Herzen befreit zu werden.

Wenn wir diesen Prozess der Vergebung abschließen können, können wir für ein Leben in Frieden wiederhergestellt werden. Wenn wir aber Gott nicht vergeben, obwohl wir es tun müssten, werden wir weiter in der Zwietracht gefangen bleiben. Das geschah in den folgenden Situationen nach dem Tod geliebter Menschen. Die beiden Geschichten ähneln sich, aber der Ausgang jeder Geschichte ist völlig unterschiedlich.

Vor einigen Jahren verlor eine Frau ihren Mann durch Krebs. Während seiner Krankheit wurde er wiedergeboren und widmete sich voll und ganz dem Evangelium. Er nahm jede Strapaze auf sich, um so vielen Menschen wie möglich seinen Glauben zu bezeugen. Die ganze Familie erwartete, dass der Mann von Gott wie durch ein Wunder geheilt würde und als Zeugnis für die heilende Kraft Gottes weiterleben würde.

Er hatte Prophetien erhalten, dass er leben würde und nicht sterben müsste. Seine Familie glaubte und betete. Sie taten alles, was ihnen von ihren geistlichen Führern oder von den Ärzten des Mannes aufgetragen wurde. Aber der Mann starb doch.

Obwohl die Frau viel Verwirrung, Zorn und Enttäuschung durchlebte, war sie in der Lage, auf Gott zu vertrauen und die Sache siegreich zu beenden. Am siebten Todestag ihres Mannes erhielt ich einen Brief von ihr, in dem sie Dave und mir dankte, dass wir während dieser Zeit bei ihr waren. Sie war dankbar für das Wort Gottes, das sie durch unser Werk und durch ihre Heimatgemeinde erhalten hatte.

Sie sagte mir, wie sehr sie den Herrn heute liebe. Er ist ihr ganzes Leben. Sie genießt es, ihm zu dienen, auf jede nur erdenkliche Weise. Ihren Mann vermisst sie immer noch, aber sie hat inneren Frieden und wandelt im Sieg.

Ihren Kindern ist es dagegen nicht so gut ergangen. Sie behielten einen Teil der Verbitterung in sich, die sie verspürten, als ihr Vater starb. Das hat ihre geistliche Entwicklung beeinträchtigt. Sie haben sich zwar nicht völlig von Gott abgewandt, aber sie machten einen Rückschritt und haben sich bis jetzt nicht davon erholt.

Zorn und Verbitterung gegenüber Gott wird Sie auf Ihrem Weg behindern und Ihnen nicht erlauben weiterzugehen. Es ist eine »geistliche Straßensperre« – vielleicht stärker als jede andere. Warum? Ganz einfach, weil der Zorn dem Einen, der helfen, heilen, trösten oder unsere Emotionen und unser Leben wiederherstellen kann, die Tür verschließt.

Ein anderes Ehepaar, das Gott viele Jahre sehr intensiv gedient hatte, hatte mehrere Kinder. Eines der Kinder verstarb ganz plötzlich, und der Mann wurde verbittert gegenüber Gott. Ich bin sicher, dass er in etwa so dachte: Gott, ich habe dir all diese Jahre treu gedient, und ich verstehe nicht, warum du dies hast geschehen lassen. Warum hast du uns nicht beschützt? Wie konntest du uns so im Stich lassen? Wir verdienen das nicht, Gott.

Solche Gedanken wurde der Mann nicht mehr los, bis er so verbittert und zornig wurde, dass sein Leben wie von einem Krebs befallen wurde. Schließlich ließ er sich von seiner Frau scheiden und führte danach ein Leben in Sünde – er wollte nichts mehr mit Gott zu tun haben.

Wählen Sie das Leben

In jeder Enttäuschung und bei jedem Schicksalsschlag – und es gibt derer viele in unserem Leben – müssen wir entscheiden, wie wir reagieren wollen. Das Wort Gottes sagt: »Ich habe dir Leben und Tod... vorgelegt, damit du das Leben erwählst« (5. Mose 30, 19).

Wenn ein Umstand Tod in unser Leben bringt – körperlich, geistlich oder emotional – dann ist die einzig vernünftige Lösung, das Leben zu wählen. Wenn wir nicht das Leben wählen, wird sich der Tod weiter ausbreiten, bis er uns unser geistliches Leben, unseren Frieden, Freude, Hoffnung, Gesundheit und unsere persönlichen Beziehungen nimmt. Ich will Ihnen ein praktisches Beispiel aus meinem eigenen Leben geben.

Vor einigen Jahren ging ich zum Arzt zur alljährlichen Vorsorgeuntersuchung. Dave hatte darauf gedrängt, dass ich gehen sollte, aber ich hatte mich geweigert, weil ich meine Zeit nicht gern mit solchen Dingen verbringe. Mein Termin war am 31. Oktober – Halloween. Ich wollte den Termin um eine Woche verschieben, aber Dave bestand darauf, dass ich an diesem Tag gehen sollte. Während der Untersuchung wurde auch eine Mammographie durchgeführt.

Am nächsten Tag rief mich mein Arzt an und sagte mir, dass er etwas Verdächtiges gesehen hätte. Er wollte, dass ich noch einmal zu einer Biopsie käme. Auch dieses Mal wollte ich nicht hingehen, aber wieder bestand mein Mann darauf, dass ich mich untersuchen ließ. Ich ging zu der ambulanten Untersuchung ins Krankenhaus, voller Erwartung zu hören, dass alles in Ordnung war. Wir beteten und glaubten an Gott, und baten noch einige andere, für mich zu beten, und gingen fröhlich unseres Weges.

Am Samstag in derselben Woche ging ich einkaufen und lebte weiter wie bisher. Ich war fest davon überzeugt, dass ich eine gute Rückmeldung von meinem Arzt bekommen würde. Als ich vom Einkaufen nach Hause kam, fand ich eine Nachricht vor, dass ich sofort meinen Arzt anrufen sollte. Als ich anrief, sagte er mir, dass ich einen Tumor hätte und dass es ein sehr schnellwachsender Krebs sei. Er empfahl eine sofortige Operation, um meine Brust abzunehmen. Er sagte, er könne nicht nur den Tumor entfernen, weil er sicher sein wolle, dass er wegen der gefährlichen Art des Krebses alles wegnehmen würde.

Wir suchten Gott und beteten. Obwohl es das Einfachste für mich gewesen wäre, auf Gott zu vertrauen und mich nicht operieren zu lassen, schien das nicht der Weg zu sein, den Gott mich führte. Meine ganze Familie – mein Mann und unsere vier Kinder – sowie auch eine Handvoll enger Freunde, alle waren sich einig, dass ich mich operieren lassen musste. Ich fühlte dasselbe, obwohl ich lieber nicht diesen Weg eingeschlagen hätte.

Angst packte mich so stark, dass sie mich manchmal beinahe umwarf. Negative Gedanken kamen – eine Versuchung, an der Liebe Gottes zu mir zu zweifeln. Ich war versucht, seine Aufrichtigkeit und sogar mich selbst anzuzweifeln. Der Teufel wollte, dass ich die Situation auslotete und mich genau überprüfte. Was hatte ich falsch gemacht? Warum hatte Gott dies geschehen lassen? Ließ Gott es geschehen oder hatte ich dem Teufel eine Tür geöffnet? Die mich bombardierenden Gedanken waren Angriffe der Hölle. Jeder Angriff sollte meinen Glauben an Gott zerstören. Ich bin sehr dankbar, dass ich in Christus und sein Wort und seine Liebe zu mir verwurzelt bin und dass ich mein Fundament darauf aufgebaut habe. In Christus verankert zu sein ist in solchen Zeiten sehr wertvoll. Beachten Sie bitte, dass ich sagte »in Christus verankert«, nicht »in dem Dienst verankert«. Ich glaube, dass viele Geistliche nicht in den Grundsätzen verwurzelt und gegründet sind, die sie anderen Menschen predigen. Es ist einfach, jemandem zu sagen, was er in schwierigen Zeiten tun soll; es ist aber etwas ganz anderes, es dann auch selbst zu tun, wenn es notwendig ist.

Ich musste mich selbst fragen: »Was würde ich jemand anderem sagen, was er in dieser Situation tun sollte?« Ich wusste, was ich ihm sagen würde: »Vertraue auf Gott! Versuche nicht, die Situation auszuloten. Bitte Gott, dir etwas zu enthüllen, was er dir zeigen will, aber wenn er dir nichts zeigt, dann bleibe ruhig und stehe es durch.« Ich würde sagen: »Es wird dir am Ende alles zum Besten dienen, wenn du nicht schwankst und aufgibst. Sei positiv, lobe Gott und sei weiterhin ein Segen für andere Menschen.«

Gott sagte zu mir: »Joyce, tue das, was du einem anderen in der gleichen Situation auch empfehlen würdest.«

Und was war das Ergebnis? Ich ließ mich operieren. Und es erwies sich als perfektes Timing von Gott, dass Dave darauf bestanden hatte, dass ich am 31. Oktober zum Arzt ging und keinen Tag später. Wir waren gerade im Begriff unsere Krankenversicherung zu wechseln. Es war uns nicht bewusst, aber der Wechsel sollte am 1. November vollzogen werden.

Nach dem 1. November wäre unsere alte Versicherung nicht mehr zuständig gewesen. Wir konnten noch anrufen und die alte Versicherung beibehalten. Wenn wir das nicht getan hätten, hätte die neue Versicherung keine Kosten übernommen, denn es wäre eine bereits bestehende Krankheit gewesen. Die neue Versicherung hatte eine Klausel, die bereits bestehende Krankheiten für ein Jahr ausschloss. Wir waren dankbar für die Führung Gottes. Das war nur eine Art, wie wir die Kraft und die Gegenwart des Herrn erfahren haben.

Ich erholte mich schneller, als mein Arzt es erwartet hätte. Ich verließ das Krankenhaus und hielt auf dem Heimweg im Einkaufszentrum an, wo ich mir etwas zum Anziehen kaufte. Am Abend, bevor ich ins Krankenhaus ging, hatte ich noch gepredigt. Zwei Wochen nach der Operation war ich schon wieder in der Lage, bei einem ganztägigen Weihnachtsbankett zu predigen, an dem ich sogar zweimal sprach.

Ich habe nie meine Freude verloren. Ich bin nie verwirrt gewesen. Wir gingen Schritt für Schritt durch diese Zeit und vertrauten darauf, dass Gott sich um alles kümmerte. Als alle Testergebnisse zurück waren, stand in dem Bericht: »Keine weiteren Krebszellen. Keine Probleme mit den Lymphknoten. Keine Bestrahlung oder Chemotherapie notwendig.« Welch eine herrliche Erleichterung! Ich verbrachte das nächste Jahr damit, mich auf eine kosmetische Operation vorzubereiten, aber ich versäumte keine meiner regelmäßig anberaumten Kontrolluntersuchungen. Ich tat alles, was ich normalerweise auch tat, und Gott wirkte mit Macht.

Gott sorgte für gläubige Ärzte in jeder Phase der Operation und Genesung, wie auch mein Operateur, der plastische Chirurg, der Gynäkologe und viele der Schwestern. Ich erfuhr einen enormen Liebesbeweis vom Leib Christi. Ich lernte eine ganz neue Abhängigkeit von Gott, die auch heute noch in meinem Leben ein Segen ist.

Ich hätte auch den Weg des Zorns auf Gott wählen können, aber er hätte mein Werk ruiniert. Ich hätte nichts von dem tun können, was ich heute tun darf, auch nicht dieses Buch schreiben.

Ich habe keine Antwort darauf, warum Gott mir diese Erfahrung schenkte. Ich weiß nicht warum. Ich kann nur »stückweise erkennen« (1. Kor 13, 12). Ich bin dankbar, dass ich mir nicht über alle Dinge in meinem Leben Gedanken machen muss, die ich nicht verstehe. Welch wunderbares Privileg ist es doch, auf Gott zu vertrauen.

Jener Krebs in meinem Körper war ein Teil des Todes. Ich hatte eine Gelegenheit, noch mehr Tod zu wählen, wenn ich auf Gott zornig geworden wäre, aber seine Gnade ließ mich das Leben wählen. Deshalb geht mein Leben mit Gott heute vorwärts.

Im Leben eines jeden Menschen geschieht Unglück. Wir haben keine Kontrolle über jeden Umstand, aber wir können unsere Reaktionen auf die Umstände kontrollieren. Ich ermutige Sie, das Leben zu wählen.

Lassen Sie nicht den Tod in Ihr Leben durch Verbitterung über Ehebruch, Scheidung, Tod, Mangel, Kinderlosigkeit, eine Fehlgeburt oder Missbrauch. Wenn Sie in Verbitterung gegen Gott stecken bleiben, seine Arme sind jetzt, in diesem Moment, weit offen. Laufen Sie hin zu Gott – nicht von ihm weg.

Ich erinnere mich an einen Mann, der seinen Sohn durch Krebs verlor. Völlig verbittert fragte er Gott: »Wo warst du, als mein Sohn starb?«

Und der Herr erwiderte: »Am selben Ort, an dem ich war, als meiner starb.«

Gott machte keine langen Erklärungen, aber die Antwort des Herrn veranlasste den Mann, in Demut zu schweigen. Wir haben niemals das Recht, Gott zu kritisieren.

Eines Tages werden wir erkennen, wie wir erkannt sind (siehe 1. Kor 13, 12). Dieses Versprechen kann uns am Leben erhalten, bis wir in den ewigen Frieden und Segen Gottes geleitet werden. Es wird uns auch dabei helfen, Zwietracht mit unserem Nächsten zu vermeiden.

12.
Zwietracht mit Ihren Mitmenschen

● Es gibt wahrscheinlich keine größere Herausforderung, als Frieden mit anderen Menschen zu haben. Und doch ist dies von größter Bedeutung. Die Zwietracht aus unseren persönlichen Beziehungen herauszuhalten erfordert einen starken Willen und eine große Bereitschaft. Wir müssen lernen, die Zwietracht in ihren Anfangsstadien zu erkennen, und wir müssen bereit sein, uns dem Teufel gleich bei Beginn seines Angriffs auf uns zu widersetzen. Der Teufel stellt wirklich jede Beziehung durch Zwietracht auf die Probe. Wir können nichts dagegen tun. Wir müssen uns der Zwietracht stellen, sie an die Öffentlichkeit bringen und darüber sprechen, um irgendeine Art von Frieden zu erreichen.

Ein Leben im Frieden zu führen ist eines meiner wichtigsten Ziele. Es ist viel wichtiger, als vielen Menschen bewusst ist. Es war offensichtlich von großer Bedeutung für das Reich Gottes, denn Jesus sprach häufig darüber. In Gottes Wort finden wir einige verblüffende Aussagen über die Notwendigkeit von Frieden in Beziehungen.

Die Sache mit der Scheidung

Wir wissen aus der Bibel, dass Gott die Scheidung hasst (siehe Mal 2, 14–16). Wir sollen vereinigt sein – nicht getrennt. Und nun sehen wir uns die folgenden Verse im 1. Korintherbrief an:

> Und wenn eine Frau einen ungläubigen Mann

> hat und es gefällt ihm, bei ihr zu wohnen, so soll sie sich nicht von ihm scheiden. Denn der ungläubige Mann ist geheiligt (getrennt, weggezogen von heidnischer Ansteckung und verbunden mit den Christen) durch die Frau, und die ungläubige Frau ist geheiligt durch den gläubigen Mann. Sonst wären eure Kinder unrein [nicht gesegnete Heiden, außerhalb des christlichen Bundes]; nun aber sind sie heilig [rein]. Wenn aber der Ungläubige sich scheiden will, so laß ihn sich scheiden. Der Bruder oder die Schwester ist nicht gebunden in solchen Fällen. Zum Frieden hat euch Gott berufen
> (1. Kor 7, 13–15).

Ich denke, das ist eine verblüffende Aussage! Wir wissen, dass der Herr nicht möchte, dass eine Ehe in Scheidung endet. Und doch sagt Paulus, mit der Inspiration von Gott, wenn der ungläubige Partner die Beziehung nicht aufrechterhalten will und er (oder sie) geht, soll man ihn gehen lassen, weil es überaus wichtig ist, dass wir in Frieden leben.

Wir sollten unser Möglichstes tun, damit eine Beziehung funktioniert, und dies gilt in besonderem Maße für die Ehe. Aber die Quintessenz ist diese: Wenn ein Mensch absolut nicht die Beziehung mit Ihnen aufrechterhalten will, Sie ihn aber dazu zu zwingen versuchen, so würde das zu nichts anderem führen als zu Zwietracht. Bitte denken Sie daran, dass Zwietracht die Tür für alle anderen Probleme öffnet.

Im fünfzehnten Kapitel der Apostelgeschichte sehen wir, dass Paulus und Barnabas Schwierigkeiten in ihrer Verkündigungsbeziehung hatten.

> Nach einigen Tagen sprach Paulus zu Barnabas: Laß uns wieder aufbrechen und nach unsern Brüdern sehen in allen Städten, in denen wir das Wort des Herrn verkündigt haben, wie es um sie steht. Barnabas aber wollte, daß sie auch Johannes mit dem Beinamen Markus mitnäh-

men. Paulus aber hielt es nicht für richtig, jemanden mitzunehmen, der sie in Pamphylien verlassen hatte und nicht mit ihnen ans Werk gegangen war. Und sie kamen scharf aneinander, so daß sie sich trennten. Barnabas nahm Markus mit sich und fuhr nach Zypern. Paulus aber wählte Silas und zog fort, von den Brüdern der Gnade Gottes befohlen. Er zog aber durch Syrien und Zilizien und stärkte die Gemeinden (Apg 15, 36–41).

Paulus und Barnabas erlebten die gleichen Probleme in ihrer Beziehung wie Menschen heutzutage. Barnabas wollte seinem Verwandten Markus eine Stelle verschaffen. Paulus hatte bereits Erfahrungen mit Markus gemacht und hielt es nicht für ratsam. Sie kamen »scharf« aneinander (V. 39).

Offensichtlich war die Auseinandersetzung so scharf, dass sie wussten, sie müssten sich trennen. Es wäre wahrscheinlich viel besser gewesen, wenn sie ihre Differenzen hätten beilegen können und weiter zusammengearbeitet hätten, aber da das offensichtlich unmöglich war, war das Nächstbeste, das sie tun konnten, sich zu trennen, damit beide in Frieden leben konnten.

Ich will das ganz deutlich machen. Ich spreche mich keineswegs dafür aus, dass verheiratete Paare sich trennen, wenn es ihnen schwer fällt, miteinander auszukommen. Die Bibel sagt, wenn der »Ungläubige« gehen will, soll man ihn lassen – weil wir zum Frieden berufen sind. Paulus und Barnabas wussten, wie wichtig es war, in Frieden zu leben, und so trennten sie sich, um dies möglich zu machen. Sie waren nicht zwei Gläubige, die miteinander verheiratet waren. Sie waren zwei erwachsene Männer, die versuchten, gemeinsam in der Verkündigung zu arbeiten.

Auf der anderen Seite sage ich auch nicht, dass eine Zeit der Trennung in einer besonderen Ehesituation nicht hilfreich sein kann. Eine Zeit der Trennung wäre wünschenswerter als eine Scheidung. Vielleicht könnten die Ehepartner durch eine Trennung die Dinge klarer sehen. Dies geschieht häufig. Die Menschen haben Zeit, ihren Kopf frei zu bekommen, um aufgeheizte Emotionen abzukühlen und um wieder ruhig zu werden, damit sie auf den Herrn hören können. Sie haben Zeit, Gott zu fragen, was er will, dass sie in ihrer Situation tun sollen. Manchmal starren wir so lange auf die Fehler eines Menschen, dass wir nicht mehr seine Stärken sehen können. Eine Weile getrennt vom anderen, vielleicht auch eine Woche im Haus eines Verwandten weit weg verbracht, kann uns helfen, die guten Dinge an einem Menschen zu sehen, die wir vermissen, wenn er oder sie immer da ist. Sie kennen doch das Sprichwort: »Man weiß erst, was man gehabt hat, wenn man es verloren hat.«

Heben Sie die positiven Aspekte hervor

Eine der am besten geeigneten Methoden, eine gestörte Beziehung zu ändern, ist, die negativen Seiten zu ignorieren und die positiven Aspekte im Charakter eines Menschen hervorzuheben. Eine der wichtigsten Ursachen für Probleme ist, dass man geneigt ist, sich in erster Linie auf die negativen Aspekte einer Beziehung zu konzentrieren.

Ich liebe meinen Mann sehr. Aber es gab eine Zeit in den frühen Jahren unserer Ehe, als ich im Kopf über jeden Fehler, der an ihm sichtbar wurde, Buch führte. Ich war ein sehr negativer Mensch, und ich suchte bei anderen Menschen regelrecht nach deren Fehlern und negativen Zügen. Ich glaube, ich fühlte mich so schlecht, dass ich mich selbst nur ertragen konnte, wenn ich jede Menge Fehler an anderen fand.

Dave ging jeden Samstag zum Golfspielen, und das passte mir überhaupt nicht. Ich hielt ihn für überaus egoistisch, weil er nicht bemerkte, wie schwer es für mich war, die ganze Woche mit den Kindern zu Hause zu sitzen und keine Gelegenheit zu haben, irgendwohin zu gehen. Wir hatten nur ein Auto und er fuhr damit zur Arbeit.

Ich fühlte mich gefangen in den Grenzen eines Radius' aus drei Straßenzügen, eine Entfernung, die ich zu Fuß bewältigen konnte. Auch wenn es innerhalb dieser drei Straßenzüge eine Bäckerei, ein Lebensmittelgeschäft, einen Friseur und einen Ramschladen gab (wie man damals dazu sagte). Ich besaß nicht genügend geistliche Intelligenz, dass ich begriff, dass Gott mich mit den für mich bequemen Zuständen gesegnet hatte, alle diese Orte auf so engem Raum beisammen zu haben.

Ich bedachte nie, dass Dave die ganze Woche über arbeitete, dass er Sport sein ganzes Leben lang geliebt hatte und dass das samstägliche Golfspiel für ihn sehr wichtig war. Ich versuchte, ihn zum Aufhören zu bewegen. Ich war fast jeden Samstag sauer auf ihn, und das führte nur dazu, dass er noch lieber wegging. Der Maßstab des »Gesetzes« macht unsere Probleme nur noch größer, er kann sie nicht lösen. Ich versuchte, ihn unter Druck zu setzen, aber er blieb dadurch nur noch länger weg.

Hinzu kam, dass ich meinte, Dave würde nicht genügend mit mir sprechen, dass er zu viel herumtrödelte und dass er nicht ernst genug war. Ich hielt ihn auch nicht für aggressiv genug. Ich war meistens nicht mit ihm einer Meinung. Die Liste seiner Fehler wurde immer länger.

Kurz gesagt, ich jagte jeder negativen Eigenschaft nach und übersah dabei alle seine positiven Eigenschaften. Ich war so sehr damit beschäftigt, über seine Fehler nachzudenken und sie zu korrigieren, dass ich nicht einmal bemerkte, welch ein Segen er für mein Leben war.

Als Gott mich schließlich lehrte – nach vielen Jahren des Elends –, das Gute im Leben und in den Menschen mehr hervorzuheben, war es absolut erstaunlich für mich, wie viele großartige Qualitäten ich plötzlich an meinem Ehemann entdeckte! Natürlich waren diese Qualitäten schon die ganze Zeit über vorhanden gewesen. Ich hätte mich diese ganzen Jahre schon an ihm freuen können. Sehen Sie nur die Fehler an jemandem, wo sie doch auch seine guten Eigenschaften hervorheben könnten?

Ich entdeckte, dass Dave flexibel und anpassungsfähig war. Es war – und es ist immer noch – leicht, mit ihm auszukommen. Er ist überhaupt nicht anspruchsvoll. Er isst fast alles. Es ist ihm völlig gleichgültig, ob ich ihm kalte Brote vorsetze oder eine warme Mahlzeit koche. Er lässt mich alles kaufen, wofür wir genügend Geld haben. Und jedes Mal, wenn ich Leute zu uns nach Hause einladen möchte, ist es ihm recht. Wenn ich zum Essen ausgehen möchte, ist er einverstanden. Ich kann das Restaurant wählen.

Dave achtet sehr auf seinen Körper. Er sieht fast genauso aus wie vor achtundzwanzig Jahren bei unserer Hochzeit, höchstens ein bisschen älter. Die Liste seiner guten Eigenschaften ist recht lang – viel länger als die Liste, die ich über seine Fehler geführt habe.

Sehen Sie die Menschen, mit denen Sie in einer Beziehung stehen, positiv. Wir alle haben Fehler, und wenn sie in den Vordergrund gestellt werden, werden diese Fehler größer, als sie eigentlich sind. Wenn wir jedoch die guten Eigenschaften in den Menschen in den Vordergrund stellen, stehen sie über den Dingen, die uns stören.

Wenn ich heute nach Daves Fehlern gefragt würde, müsste ich intensiv darüber nachdenken, um einen nennen zu können. Niemand ist vollkommen, und Dave hat natürlich einige Fehler, aber ich achte nicht mehr darauf, und deshalb kann ich mich auch kaum daran erinnern.

Wenn wir Barmherzigkeit säen, werden wir auch Barmherzigkeit ernten (siehe Mt 5, 7). Wollen Sie, dass Ihre Schwächen und Fehler barmherzig angenommen werden? Der beste Weg, um sicherzustellen, dass man selbst barmherzig behandelt wird, ist, das Wort Gottes zu befolgen und Barmherzigkeit zu säen. Seien Sie großzügig mit Barmherzigkeit.

Ich glaube, dass jedes Jahr viele Scheidungen hätten verhindert werden können, wenn die Ehepartner die Stärken des anderen mehr hervorgehoben hätten. Wir sollten dem anderen auch mit Worten seine Stärken bestätigen, genauso wie in unserer eigenen Gedankenwelt. Wenn wir Menschen aufbauen und ermutigen, helfen wir ihnen auf die bestmögliche Art und Weise. Wir holen das Beste aus ihnen heraus, wenn wir das Beste hervorheben.

Paulus tat dies regelmäßig, wenn er an die verschiedenen Gemeinden schrieb. Selbst wenn er sie korrigieren wollte, lobte er sie für das, was sie gut machten. Er beherrschte die Kunst, jemanden zu verbessern, um ihn dazu zu bringen, sein Bestes zu geben, ohne ihn zu beleidigen. Ein Beispiel hierfür ist, wie er sie ermutigte zu geben.

Von dem Dienst, der [notwendigerweise] für die
Heiligen (Gottes Volk in Jerusalem) geschieht,

> brauche ich euch nicht zu schreiben. Denn ich
> weiß von eurem guten Willen (eure Bereitschaft
> und euer Eifer, hierfür zu werben), den ich an
> euch rühme bei denen aus Mazedonien, wenn
> ich sage: Achaja (der größte Teil Griechenlands)
> ist schon voriges Jahr bereit gewesen! Und euer
> Beispiel hat [folglich] die meisten angespornt.
> Ich habe aber die Brüder [zu euch] gesandt,
> damit nicht unser Rühmen über euch zunichte
> werde in diesem Stück, und damit ihr vorbereitet seid, wie ich von euch gesagt habe, daß
> nicht, wenn die aus Mazedonien mit mir kommen und euch nicht [für diese Großzügigkeit]
> vorbereitet finden, wir, um nicht zu sagen: ihr,
> zuschanden werden mit dieser unsrer Zuversicht. So habe ich es nun für nötig angesehen,
> die Brüder zu ermahnen, daß sie voranzögen zu
> euch, um die von euch angekündigte Segensgabe vorher fertig zu machen, so daß sie bereitliegt als eine Gabe des Segens und nicht des
> Geizes [die euch abgezwungen wurde]
> (2. Kor 9, 1–5).

Paulus ermutigte sie ohne einen Unterton, als wenn er sie anklagte oder an ihnen zweifelte. Er sagte, er wüsste, dass sie zu geben bereit wären, und das schon seit langer Zeit. Er sagt, er sei stolz auf sie, und dass sie ein Vorbild für andere seien. Wie baut er sie erst auf, bevor er ihnen mitteilt, dass er jemanden schicken will, um sicherzustellen, dass die Spende wie geplant bereitliegt.

Wenn Prediger oftmals um Spenden bitten, dann gehen sie von einem negativen Standpunkt an die Sache ran; sie reden, als ob sie versuchen wollten, die Leute zu etwas zu veranlassen, was sie eigentlich gar nicht wollen. Der Herr hat mich mehr als einmal bei derselben Haltung korrigiert, als ich Spenden in meinen Seminaren bekam. Wir müssen positiv sein und den Leuten sagen: »Ich glaube, dass Sie bereit sind zu geben und dass Sie gern geben. Ich glaube, dass Sie großzügige

Menschen sind, die Gott lieben und gern ein Teil der Verkündigung sind, die auch Ihnen Gutes tut.«

Welch einen Unterschied würde es in unserem Leben machen, wenn wir vollkommen positiv sein würden. Ich erlebe immer wieder die Kraft aus positivem Denken in allen Bereichen des Lebens. Wir wollen ganz besonders den Menschen in unserem Leben positiv begegnen. Suchen Sie das Positive und stellen Sie es in den Vordergrund. Es wird den anderen Menschen helfen, besser zu werden, und es wird Ihnen helfen, lieber mit ihnen zusammen zu sein und sie anzunehmen, so wie sie sind. Einem anderen Menschen positiv gegenüberzustehen wird Ihnen sogar dabei helfen, freundlich Nein zu sagen, wenn sie unterschiedlicher Meinung mit jemandem sind.

13.

WIE MAN EINMÜTIG UNEINS IST

● Jesus ist der König des Friedens. Wir werden mit ihm erben, weil wir denselben Vater haben. Darum muss ich ein Friedensstifter sein. Wenn ich dem Herrn dienen will, kann ich nicht in Zwietracht leben. Gott hat uns nicht nur vorgeschlagen, dass wir nicht in Zwietracht leben sollen – es ist sein Gebot: »Ein Knecht des Herrn aber soll nicht streitsüchtig sein« (2. Tim 2, 24).

Alles, was uns Gott zu tun gebietet, soll uns zum Guten dienen. Es hilft mir, in schwierigen Situationen dennoch gehorsam zu bleiben, wenn ich mich daran erinnere, dass es mir letztlich hilft, wenn ich es so mache, wie Gott es will. Sich von der Zwietracht fern zu halten erfordert ständige und entschlossene Anstrengung.

Einer der Gründe, warum die Menschen Zwietracht in ihrem Leben haben, ist, dass sie nicht entschlossen genug sind, sie von ihrem Leben fern zu halten. Oder, wenn sie ihr manchmal widerstehen, sind sie nicht bereit, das immer zu tun. Mir ist bewusst, dass ich mich hier wiederhole, aber ich will sichergehen, dass ich mein Anliegen klar und deutlich gemacht habe. Denken Sie daran, Zwietracht fern zu halten ist ein ständiger Prozess.

> Freuen (beneidenswertes Glück erleben, geistlich reich
> sein – mit Lebensfreude und Zufriedenheit über Gottes
> Zuspruch und Erlösung, unabhängig von den äußeren
> Bedingungen) dürfen sich alle, die Frieden stiften –
> Gott wird sie als seine Söhne und Töchter annehmen.
> (Mt 5, 9 GN).

Die Luther-Übersetzung ist Ihnen vielleicht geläufiger:
Selig sind die Friedfertigen; denn sie werden Gottes Kinder heißen (Mt 5, 9).
Friedensstifter zu sein ist ein Entschluss. Die Segnungen werden denen zuteil, die Friedensstifter sind, aber nicht alle sind bereit dazu, denn es ist nicht immer einfach. Wenn Sie sich dazu entschließen, ein Friedensstifter zu sein, bedeutet das dann, dass Sie für jeden zum Fußabtreter werden, nur um den Frieden zu wahren? Bedeutet es, dass Sie niemals Ihre Meinung sagen oder jemandem deutlich machen dürfen, wie Sie über etwas denken? Nein! Ein ganz klares Nein!

Ich habe eine sehr starke, aggressive Persönlichkeit. Ich bin also ein sprachlich orientierter Mensch. Mit den Jahren hat mich mein Mund schon oft in Schwierigkeiten gebracht. Es fiel mir nicht leicht, ein Friedensstifter zu werden. Der Missbrauch in meiner Kindheit hat zu dem festen Entschluss in mir geführt, dass ich mich als Erwachsene von niemandem ausnutzen lassen würde.

Ich war sehr damit beschäftigt, mich um mich selbst zu kümmern. Ich fürchtete, wenn ich nicht jede Situation unter Kontrolle hätte, würde ich ausgenutzt und herumgestoßen. Als der Herr begann, mich ein Leben in Einmütigkeit zu lehren, durchlebte ich eine sehr schwierige Zeit, bis ich verstanden hatte, wie man mit jemandem einmütig sein kann, der eine andere Meinung hat.

Nur meinen Mund zu halten schien keine akzeptable Alternative für mich zu sein. Der Teufel sagte mir immer und immer wieder: »Wenn du das tust, dann wirst du zum Fußabtreter, auf dem die ganze Welt herumtrampelt.«

Ich bin sicher, dass viele von Ihnen dieselbe »Platte« von dem Feind zu hören bekommen haben. Als ich in der Bibel zum Thema Unterordnen las, wie eine Frau sich ihrem Mann unterordnen und anpassen soll, war es beinahe mehr, als ich ertragen konnte! Aber schließlich wuchs ich auf meinem Weg mit Gott bis zu dem Punkt heran, dass ich mich unterordnen wollte. Ich wollte ein Friedensstifter sein. Ich wollte die Zwietracht aus meinem Leben verbannen! Ganz ernsthaft suchte ich Gott, um einen Durchbruch auf diesem Gebiet zu erzielen.

Der Teufel nutzte dann meinen bereitwilligen Geist aus und versuchte, mich mit dem anderen Extrem aus dem Gleichgewicht zu bringen. Während ich früher zu allem etwas zu sagen hatte, hatte ich das Gefühl, nachdem ich beschlossen hatte, mich zu ändern, dass ich überhaupt nichts mehr sagen konnte. Wenn Dave mit mir nicht einer Meinung war, dachte ich, dass »unterordnen« bedeutete, dass ich keine weitere Meinung mehr formulieren durfte. Anderenfalls würde ich gegen meinen Mann rebellieren.

Das mag vielleicht kein großes Problem für Sie sein, wenn Sie mit jemandem verheiratet sind, mit dem Sie meistens einer Meinung sind, aber das war bei uns nicht der Fall. Wir sind sehr unterschiedliche Persönlichkeiten und wir sehen die Dinge oft aus einem völlig verschiedenen Blickwinkel. Wenn die Menschen erst einmal gelernt haben, einmütig uneins zu sein, können gegenteilige Ansichten eine sehr gesunde Erfahrung sein. Eine Sache aus mehreren verschiedenen Perspektiven betrachten zu können, bringt meistens die beste Lösung.

Während ich nach außen hin ruhig blieb, verzehrte es mich in meinem Innern. Ich war zwar ruhig, aber ich hatte immer noch Zwietracht in mir. Zwietracht ist »ein zorniges unterschwelliges Brodeln«. Ich konnte nur für eine kurze Zeit ruhig bleiben, und dann explodierte ich.

Als David und ich uns hinsetzten, um über unser Problem zu reden, stellte ich fest, dass wir ein Kommunikationsproblem hatten. Ich kam zu der Erkenntnis, dass Kommunikation bedeutet, dass alle Parteien ihre Meinung auf eine göttliche Art und Weise vorbringen können. Kommunikation ist das Problem Nummer Eins in vielen Beziehungen.

Oft versuchen Menschen, über Dinge zu diskutieren, aber ganz schnell kommt es zu Streit und damit zu Zwietracht. Über viele Jahre hindurch hören sie einfach auf, einen neuen Anlauf zur Kommunikation zu machen, und daraus entwickeln sich große Schwierigkeiten. Dieses Problem ist die Ursache für die meisten Scheidungen. Das Fehlen einer richtigen Kommunikation kann der eigentliche Schuldige hinter den anderen (offensichtlicheren) Eheproblemen sein. Selbst Ehebruch kann durch einen Mangel an richtiger Kommunikation verursacht werden.

In den frühen Jahren unserer Ehe hatte ich eine starke, übermäßig aggressive Persönlichkeit. Dave war passiver und weniger geneigt, mir Widerstand zu bieten. Nachdem Gott mir einige Jahre gegeben hatte, um im Glauben zu wachsen und teilweise meine Vergangenheit zu überwinden, begann er Dave dahin zu bringen, dass er mir mehr Widerstand entgegensetzte, anstatt mir immer nur meinen Willen zu lassen.

Zuerst bin ich in solchen Situationen beinahe verrückt geworden. Ich war so aufgebracht, dass ich am liebsten vor allem davongerannt wäre. Ganz tief in meinem Innern wusste ich, was Gott zu tun versuchte, und ein Teil von mir wollte ganz ernsthaft, dass er es tat, aber ein anderer Teil von mir (mein Körper) wollte schreien und davonlaufen.

Da Dave mich immer weiter unter Druck setzte und mir Widerstand leistete, mussten wir lernen, richtig miteinander zu sprechen. Wir hatten beide eine Menge zu lernen. Er hatte sich mir jahrelang nicht widersetzt, und als er damit begann, war er gleich zu heftig. Ich war es gar nicht gewohnt, dass man mir widersprach, und so reagierte ich natürlich auch überzogen und war jedes Mal völlig außer mir, wenn er versuchte, mir irgendetwas mitzuteilen. Wir brauchten ein Gleichgewicht, und wir mussten lernen, einmütig uneins zu sein.

Respekt

In unserer Haltung, Mimik, Körpersprache und unserem Tonfall Respekt zu zeigen war der Schlüssel für uns beim Erlernen, wie man einmütig uneins ist. Den meisten Leuten macht es nichts aus, wenn Sie anderer Meinung sind als sie, solange Sie sie nicht spüren lassen, dass ihre Meinung lächerlich oder wertlos sei. Es gibt einen weisen Weg, mit Menschen zu sprechen, und einen Weg, der nicht weise ist.

Weisheit führt zu Frieden und Sieg, aber Dummheit führt in die Katastrophe. Ich muss nicht versuchen, einen anderen Menschen dazu zu bringen, seine Meinung zu ändern. Vieles von dem, was ich Kommunikation nannte, war eigentlich Manipulation. Ich versuchte, einen anderen Menschen so zu manipulieren, dass er am Ende meine Meinung teilte.

Dave konnte meine Manipulationsversuche erkennen, und er begann damit, mir bei solchen Gelegenheiten zu sagen: »Hör auf, mich überzeugen zu wollen, Joyce. Wenn du dich irrst, werde ich Gott bitten, dich zu überzeugen.« Wir lernten beide zu sagen, was wir fühlten und dachten, und wenn wir unterschiedlicher Meinung waren, die Sache eine Weile ruhen zu lassen, um zu sehen, was Gott damit machte.

Wir lernten, respektvoll miteinander zu reden. Eine Mimik kann unseren Mangel an Respekt gegenüber einem Menschen aufzeigen. Tonfall oder Körpersprache können dasselbe bewirken. Wenn ich einen tiefen Seufzer mache, wenn Dave versucht, mir etwas zu erzählen, ist es für ihn offensichtlich, dass ich das, was er sagt, nicht für wichtig genug halte, um ihm zuzuhören. Ich drücke damit aus: »Ich habe mir bereits eine Meinung gebildet und ich bin wirklich nicht daran interessiert zu hören, was du zu sagen hast.«

Sie werden feststellen, dass ich immer wieder sage »ich lernte«, »wir lernten«, »ich lerne« oder »wir lernen«. Es ist wichtig zu begreifen, dass es zunächst einmal eine Entscheidung ist, ein Friedensstifter zu sein, und darauf folgt dann der Lernprozess. Verlieren Sie nicht den Mut, wenn Sie beschließen, ohne Zwietracht zu leben, und dann gelegentlich wieder in Ihre alten Verhaltensmuster zurückfallen. Seien Sie nur fest entschlossen zu »lernen«. Der Heilige Geist ist Ihr Privatlehrer. Jede Beziehung ist anders, und der Heilige Geist wird Sie in Ihrer persönlichen Situation begleiten, solange Sie ihm vertrauen.

Ich hatte in meinem Leben viele Mauern errichtet. Viele meiner Reaktionen basierten auf früheren Situationen. Dave hatte mit den Schmerzen aus meiner Vergangenheit nichts zu tun, aber ich musste lernen auf ihn zu reagieren. Die Ursache der Zurückweisung hatte ich nicht richtig verarbeitet, und ich meinte oft, Ablehnung zu spüren, wo in Wirklichkeit gar keine war.

Meine Wahrnehmung war durch Jahre des Missbrauchs und der Unterdrückung beeinträchtigt. Es gab immer noch viele Dinge aus dieser Zeit, die ich verarbeiten musste, bevor ich völlige Freiheit genießen konnte. Offensichtlich konnte ich nicht alles auf einmal verarbeiten. Der heilige Geist führt uns, wie er es für das Beste hält. Sie werden siegreich über die Ziellinie kommen, wenn Sie sich an seinen Plan halten.

Das Lernen, einmütig verschiedener Meinung zu sein, erfordert manchmal, dass man nach weiteren Lösungen auf eine Frage sucht, mit denen beide Seiten zufrieden sein können. Wenn Dave und ich Möbel kaufen gehen, gefallen uns oftmals zwei verschiedene Möbelstücke. Manche Männer haben ja überhaupt kein Interesse daran, bei der Einrichtung ihres Heims mitzuwirken, aber Dave hat eine sehr genaue Vorstellung davon, was ihm gefällt. Und ich habe das auch. Aber unser Geschmack unterscheidet sich sehr.

Dinge, von denen Dave meint, dass sie schön aussehen und gut zusammenpassen, finde ich oft schrecklich. Oder wenn ich einmal etwas sehr mag, dann gefällt es ihm überhaupt nicht. Wenn wir Möbel kaufen wollten, stritten wir spätestens nach zwanzig Minuten im ersten Geschäft miteinander. Gemeinsam einkaufen zu gehen war nervenaufreibend. Wenn wir dann wieder zu Hause waren, war ich erschöpft von dem inneren Chaos, das ich während der Einkaufstour durchgemacht hatte.

Schließlich einigten wir uns darauf, einmütig verschiedener Meinung zu sein. Mir wurde bewusst, dass meine Meinung genauso wenig richtig ist wie seine. Darum vereinbarten wir, solange zu suchen, bis wir etwas fanden, was uns beiden gefiel. Das erforderte natürlich häufig, dass der eine oder der andere von uns auf die Dinge verzichtete, die er gerne wollte, und bereit war, weiterzusuchen nach etwas, was wir beide mochten. Manchmal gaben wir auf, gingen nach Hause und versuchten es erneut an einem anderen Tag.

Wenn ich auf die Schwierigkeiten zurückblicke, die wir beim Einkaufen erlebten, bin ich erstaunt. Heute ist es nicht mehr so schwierig. Wo ist der Unterschied? Es ist die Art, wie wir lernten, mit Dingen umzugehen. Unterschiedliche Meinungen sind nicht das Problem – sondern wie wir die unterschiedlichen Meinungen ausdrücken, und damit der Zwietracht Tür und Tor öffnen.

Lassen Sie Gott Ihr Leben verändern

Unser Missionswerk ist ein anderer Bereich, der uns herausforderte. Dave meinte oft, dass ich »Gott vorausrannte«. Ich sagte ihm, dass seine Verkündigung hieß, »auf Gott warten«. Natürlich sagte ich es mit Sarkasmus in der Stimme und einer respektlosen Körpersprache. Wenn ich dachte, Gott hätte zu mir wegen irgendeiner Sache gesprochen, dann wollte ich sie auch in Angriff nehmen! Dave wollte eine Weile abwarten und sichergehen, dass es wirklich Gott war, der gesprochen hatte.

Vor einigen Jahren hatte Dave eine Vorstellung, wie er und ich damals waren. Er sah mich als ein Gespann wilder Pferde, und er hielt die Zügel, und versuchte, mich zurückzuhalten und die Richtung anzugeben. Er versuchte nicht, mich davon abzuhalten, die Berufung für mein Leben zu erfüllen, aber er wollte nicht, dass ich in Schwierigkeiten geriet. Wir irrten uns beide. Ich ging manchmal zu schnell voran, und er war zu langsam. Und genau deshalb brauchten wir einander. Gott bringt uns oft mit Menschen zusammen, die nicht wie wir sind, damit wir einander als Gegengewicht dienen.

Der Sport war ein weiteres Problem. Dave liebte alle möglichen Sportarten, und ich mochte keine davon. Seine Liebe zum Sport und meine Abneigung dagegen verursachten eine ganze Menge Konflikte in unserem Haushalt. Mit den Jahren haben wir gelernt, die Unterschiede des anderen zu respektieren, und das hat uns Harmonie und Gleichgewicht gebracht.

Eines Tages, als wir mitten in einem heftigen Streit waren, sah Dave mich an und sagte: »Joyce, ich tue das, was ich für das Beste halte.«

»Nun, das tue ich auch«, erwiderte ich.

Wir waren am Ende einfach müde, die ganze Zeit aufeinander herumzuhacken und zu zanken. Wir gaben uns die Hand. »Dave«, sagte ich, »ich möchte, dass du weißt, dass ich dich heute so annehme, wie du bist. Ich glaube, dass du *wirklich* das tust, was du für das Beste hältst.«

»Joyce, ich nehme dich heute so an, wie du bist. Ich glaube auch, dass du wirklich das tust, was du für das Beste hältst.«

Das war ein neuer Anfang für uns! Wir ließen jeder dem anderen die Freiheit zu sein, wer er war. Menschen brauchen Freiheit, um zu wachsen. Aber Gott kann Sie nicht verändern, wenn Sie ihm im Weg stehen. Gott konnte nicht zu Dave sprechen, weil ich viel zu sehr auf ihn einredete. Gott konnte ihn nicht verändern, weil ich versuchte, ihn zu verändern. Gott brauchte meinen Glauben, nicht mein Werk des Fleisches. Lassen Sie den Menschen in Ihrem Leben ihre Freiheit, und vertrauen Sie darauf, dass Gott die notwendigen Veränderungen an ihnen vornimmt. Das wird viel Frieden in Ihr Leben bringen.

Schritte befolgen

Es gibt mehrere Dinge, die Ihnen helfen können, einmütig uneins zu sein. Wir haben festgestellt, dass Respekt ein Teil ist. Ein anderer ist das Verständnis, dass Liebe die Bereitschaft erfordert, unser Recht, Recht zu haben, aufzugeben. Wenn wir in der Liebe leben, suchen wir nicht, was für uns das Beste ist, sondern was das Beste für den Menschen ist, den wir lieben.

Es ist nicht leicht zu lernen, in der Liebe zu leben, weil wir mit einer großzügigen Portion Egoismus ausgerüstet sind. Das ist Teil der fleischlichen Natur des Menschen. Wenn zwei Menschen bereit sind, umzukehren, um dem anderen Recht zu geben, so wird das der Beziehung nützen. Wir müssen nicht genau darüber Buch führen, wer zuletzt seinen Willen bekommen hat, aber es ist gut, im Gedächtnis zu behalten, dass keine Beziehung gesund bleiben wird, wenn ein Partner immer seinen Willen bekommt.

Dave und ich »stecken regelmäßig zurück« – es hält sich in etwa die Waage. Mit anderen Worten, ich setze nicht immer meinen Willen durch und er auch nicht. Wir sind beide bereit, auf die Stimme Gottes zu hören, wer dieses Mal zurückstecken muss.

Es gab Zeiten, da versuchte Gott, mich dazu zu bringen, mich bei Dave zu entschuldigen, wenn wir gestritten hatten. Aber ich tat es nicht, wenn ich mich schon das letzte Mal bei ihm entschuldigt hatte. Ich war bereit zurückzustecken, aber ich war nicht bereit, von der Gesetzlichkeit loszulassen. Ich wollte sichergehen, dass ich nicht ausgenutzt wurde, und darum führte ich im Geiste darüber Buch, wer das letzte Mal mit seinem Willen durchgekommen war.

Stolz ist ein weiteres Problem, und der einzige Weg, ihn zu bekämpfen, ist mit Demut. Einen anderen etwas auf seine Art tun zu lassen, obwohl man völlig anderer Meinung ist, erfordert Demut. Das tun zu können und eine gute Einstellung zu behalten ist ein Zeichen von Reife. Wenn Sie nachgeben und einem anderen seinen Willen lassen, sich aber den ganzen Tag selbst bemitleiden, was haben Sie dabei gewonnen? Gar nichts! Sie haben nur dem Teufel eine Tür vor der Nase zugeschlagen und ihm dafür eine andere aufgemacht.

Sie werden lernen müssen, wie Sie am besten einmütig uneins sein können, denn, wie ich bereits gesagt habe, jede Situation ist einzigartig. Jeder Mensch ist einzigartig. Wenn Sie ein Gläubiger in einer Beziehung mit einem Ungläubigen sind, kann Gott möglicherweise von Ihnen verlangen, dass Sie derjenige sind, der öfter nachgibt, einfach weil Sie (hoffentlich) genug von Gottes Wort in Ihrem Herzen haben, dass Sie es tun können. Menschen, die das Wort Gottes nicht kennen, lassen sich von Gefühlen und Gedanken leiten. Menschen, die in Gottes Wort gegründet sind, wissen, dass Gefühle und Gedanken nur zur Katastrophe führen.

Mit dem Wissen kommt auch die Verantwortung, also seien Sie nicht erstaunt, wenn der Heilige Geist Ihnen ein gewisses Maß an Verantwortung auferlegt, das er dem geistlich unreifen Partner nicht aufzuerlegen scheint. Ihr Fleisch mag schreien: »Das ist nicht fair!« Aber wenn ich Gott über etwas befrage, was ich für unfair halte, dann erinnert er mich daran, dass der Tod Jesu am Kreuz auch nicht fair war – es war Liebe.

Unsere Liebe sollte sich an der Liebe Gottes messen. Wir können lernen, einmütig verschiedener Meinung zu sein. Unsere Liebe kann auf diesem Gebiet geprüft werden, ganz besonders in unserer Beziehung zu unseren Kindern.

14.

Zwietracht zwischen Eltern und Kindern

● Die Menschen so zu nehmen, wie sie sind, und darauf zu vertrauen, dass Gott sie so verändert, wie er es für angebracht hält, gilt nicht nur für Ehen, sondern für alle anderen Beziehungen. So schnell kann sich Zwietracht in Beziehungen zwischen Eltern und Kindern einschleichen.

Dave und ich haben vier Kinder. Eines unserer Kinder hat meine Persönlichkeit; eines hat die von Dave und die anderen beiden haben eine Mischung aus unseren beiden Persönlichkeiten und denen unserer Eltern.

Menschen werden mit unterschiedlichen Mischungen aus Temperamenten geboren. Eine Persönlichkeit wird mit den Jahren geformt, als Ergebnis des angeborenen Temperaments, das von Gott gegeben ist, und der Ereignisse, die in den frühen Entwicklungsjahren unseres Lebens auf uns zukommen.

Sie mögen denken, es wäre einfach, mit jemandem auszukommen, der genauso ist wie Sie, aber manchmal ist das viel schwieriger, als wenn man sich auf eine völlig verschiedene Persönlichkeit einstellen muss. Die beiden meiner vier Kinder, mit denen ich die größten Probleme hatte, waren mein ältester Sohn (der mein Temperament hat) und meine älteste Tochter. Sie hat als Erwachsene Disziplin gelernt, aber als Kind hatte sie überhaupt keine.

David

Unser ältester Sohn David war mir so ähnlich, dass wir ständig Streit hatten. Da wir beide starke, »dominierende« Persönlichkeiten haben, versuchten wir beide, einander zu »dominieren«! Ich wollte, dass er tat, was *ich* wollte. Er wollte tun, was er wollte. Und er wollte, dass *ich* tat, was er wollte. Sogar als er noch klein war, bestand er darauf, dass ich mich zu ihm setzte und mit ihm spielte. Er wollte überhaupt nicht alleine spielen. Irgendwie fühlte ich mich immer, als wolle er mich kontrollieren. Als er älter wurde, wurde es nur noch schlimmer. Ich spürte ständig einen Kampf zwischen uns und verstand eigentlich nie richtig, was vor sich ging.

Ich liebte ihn, aber um ehrlich zu sein, ich mochte ihn nicht. Mir wurde erst viel später klar, dass ich mich selbst nicht mochte, und darum mochte ich ihn natürlich auch nicht, weil er mir ja so ähnlich war. Viele Eltern haben ein Kind, das genauso ist wie sie, und mit diesem Kind haben sie zu kämpfen. Wir sehen oft in einem unserer Kinder all die Schwächen, die wir an uns selbst nicht leiden können. Wir müssen sorgfältig darauf achten, dass wir die Schwächen von der Person trennen. Ansonsten kann es passieren, dass wir am Ende die Person ablehnen, anstatt ihr zu helfen, ihre Schwächen zu überwinden.

Ich fühlte mich schuldig, weil ich meinen Sohn nicht mochte. Ich weiß, dass viele Menschen, die dieses Buch lesen, dieselbe Erfahrung gemacht haben. Eltern wissen, dass sie ihr eigenes Kind lieben und annehmen sollten. Wenn das aber unmöglich zu sein scheint, kommt Schuld hoch, die sie anklagt. Heute weiß ich übrigens, dass es nicht einmal er war, den ich nicht leiden konnte. Was ich nicht mochte, war kontrolliert zu werden. Ich liebte ihn, aber es gefiel mir nicht, wie er handelte.

Der Missbrauch in meinem Hintergrund hatte dazu geführt, dass ich eine aus dem Gleichgewicht geratene Sensibilität gegenüber starken Persönlichkeiten entwickelt hatte. Obwohl ich selbst eine starke Persönlichkeit war, fühlte ich mich nicht wohl in der Gesellschaft eines Menschen, der ebenfalls so war. Ich wollte kontrollieren – und nicht kontrolliert werden.

Wenn ich früh genug hätte verstehen können, was zwischen mir und meinem Sohn ablief, hätte ich ihm helfen können, auf positive Art stark zu sein. Da ich es nicht verstand, verstärkte ich nur die Schwächen in seinem Temperament. Er und ich lebten ständig in Zwietracht, und dieser Zustand setzte ihn genauso unter Druck wie mich. Jedes Kind kann spüren, wenn ein Elternteil nicht glücklich mit ihm ist. David wusste ganz tief in seinem Innern, dass ich keinen Gefallen an ihm hatte, und er fühlte sich abgelehnt. Ich ließ ihm nicht die Freiheit, der zu sein, der er war, sondern wie auch bei vielen anderen Leuten versuchte ich wieder einmal, ihn zu verändern, so wie ich ihn gerne hatte.

> Gewöhne einen Knaben an seinen Weg [und daran, dass er an seinen individuellen Gaben oder Neigungen festhält], so läßt er auch nicht davon, wenn er alt wird (Spr 22, 6).

Ich habe viel von der Übersetzung dieses Verses in der Version der Amplified Bible gelernt. Es heißt hier nicht: »Gewöhne einen Knaben an den Weg, den du willst, dass er gehen soll«. Es heißt, dass wir unsere Kinder nach ihren eigenen individuellen Gaben und Neigungen erziehen sollen – nach den »geistlichen Kennzeichen«, die wir an unseren Kindern sehen.

Wenn ich geistlich mehr im Einklang gewesen wäre, hätte ich bemerkt, dass Gott David als Anführer geschaffen hat und dass er ihm das passende Temperament gegeben hatte.

Aber statt all das zu sehen, sah ich damals nur, dass ich mich bei David unwohl fühlte, und ich wollte, dass er sich änderte.

Wir hatten lange Zeit gravierende Probleme in unserer Beziehung. Aber je mehr ich von Gottes Wort lernte, umso mehr wurde mir klar, dass ich mich nicht richtig verhielt. Ich erinnere mich daran, als Gott mir sagte, dass ich David vergeben müsste, weil er »meine« Erwartungen nicht erfüllte. Er sagte mir, dass ich meinem Sohn gegenüber unversöhnlich war, weil er nicht so war, wie *ich* ihn haben wollte. Diese Erkenntnis war ein großer Schritt hin zur Heilung unserer Beziehung.

Gott machte mir klar, dass ich David sagen musste, dass ich ihn akzeptierte. Ich musste ihn wissen lassen, dass ich ihn liebte und bereit war, ihn so anzunehmen, wie er war, auch wenn ich nicht mit allem, was er tat, einverstanden war.

Der Heilungsprozess dauerte eine Weile, aber von dem Augenblick an, in dem ich ihm vergeben hatte, konnten wir eine allmähliche Veränderung beobachten. David war damals ungefähr achtzehn Jahre alt. Kurz darauf erhielt er den Ruf von Gott, zur Bibelschule zu gehen. Anschließend heiratete er und verbrachte ein Jahr in der Mission in Costa Rica. Als er und seine Frau von dem Missionseinsatz zurückkamen, nahm er bei uns eine Stelle an. Heute ist er einer der Leiter unseres Werkes.

Nachdem er bei uns angefangen hatte zu arbeiten, hatten wir einige Mühe zu lernen, wie wir in den verschiedenen Rollen richtig zusammenwirken konnten – Eltern und Kind; Chef und Angestellter; und Dave und ich erfüllten auch die Rolle der geistlichen Führer in seinem Leben.

Er befindet sich immer noch im geistlichen Wachstum, aber nach dem Plan Gottes. Genau die Dinge, mit denen ich so sehr zu kämpfen hatte, als er noch ein Kind war, sind nun für seine Rolle im Werk zu den größten Segnungen für uns alle geworden. Wir brauchen Menschen mit Managertalent, denen wir vertrauen können, und er ist einer dieser Menschen.

Laura

Unsere älteste Tochter war meine zweite große Herausforderung als Mutter. Laura war keine klar strukturierte Person – sie vergaß Dinge, verlor ständig ihre Sachen und war eine sehr mittelmäßige Schülerin. Wenn ihr spät abends einfiel, dass sie noch ihre Hausaufgaben machen musste, konnte es passieren, dass sie sie verlor, bis sie morgens in der Schule war. Oder wenn sie sie mit in die Schule nahm und abgab, vergaß sie, ihren Namen daraufzuschreiben, und bekam keine gute Note für gemachte Hausaufgaben.

In ihrem Zimmer herrschte ein heilloses Durcheinander. Wenn sie abends von der Schule nach Hause kam, hinterließ sie eine Spur persönlicher Dinge überall, wo sie hinging. Ihren Mantel warf sie auf einen Stuhl, die Schlüssel auf den Tisch, ihr Portemonnaie ließ sie auf dem Sofa liegen, ihre Schulmappe flog auf den Küchenboden und sie selbst saß mitten auf ihrem Bett und telefonierte!

Ich bin mit einem organisatorischen Talent geboren worden und war schon immer von Natur aus ein sehr disziplinierter Mensch. Ich erwartete von ihr dasselbe. Ich redete und redete, in der Hoffnung, dass sie es begriff. Und wenn das Reden nichts bewirkte, schrie und brüllte ich.

Nachdem sie die High School abgeschlossen hatte, begann Laura, bei Life in the Word mitzuarbeiten. Damals waren unsere Büros im Erdgeschoss unseres Hauses.

Obwohl wir mit Laura über die Notwendigkeit sprachen, eine Vorgesetzter/Angestellter-Beziehung aufzubauen, wurde es schnell offensichtlich, dass ihre Beschäftigung eine Gelegenheit zu Zwietracht bot.

Sie war sehr jung und hatte ihre eigenen Vorstellungen vom Leben und davon, wie etwas gemacht werden sollte. Sie erlebte bereits einen abgeschwächten Fall von Rebellion. Es war nichts Ernstes, aber sie wollte nicht, dass ihr irgendjemand, und schon gar nicht Mama und Papa, sagten, was sie tun sollte.

Morgens kam es öfter vor, als sie eigentlich schon unten bei der Arbeit sein sollte, dass ich sie immer noch im Bad entdeckte, wo sie sich die Haare kämmte. Natürlich meinte ich, ihr sagen zu müssen, dass sie pünktlich an ihrer Arbeit sein musste. Die Tatsache, dass das Büro in unserem Haus war und dass sie unsere Tochter war, tat nichts zur Sache und änderte nichts an den Tatsachen.

Wir versuchten, ihr die Prinzipien einer ordentlichen Arbeitsauffassung zu erklären. Wir erinnerten sie daran, dass wir auch noch andere Angestellte hatten. Sie nickte zustimmend, aber jeden Morgen, wenn ich die Treppe hinunterging, um meinen Arbeitstag zu beginnen, konnte ich spüren, wie die Zwietracht die Treppe hinaufkam und mir begegnete. Es herrschte eine »gespannte Atmosphäre«, keine offene Meinungsverschiedenheit. Nach außen hin war ihre Antwort: »In Ordnung, ich tue, was ihr sagt.« Aber in ihrem Herzen war sie der Ansicht, dass wir uns irrten.

Es gab Zeiten, da wollte sie früh mit der Arbeit fertig sein, um mit ihrem Freund auszugehen, und wir mussten es ihr verbieten. Wir waren auch der Meinung, dass sie während der Arbeitszeit zu viel Zeit damit verbrachte, mit ihm zu telefonieren. Ich fühlte mich mehr und mehr unwohl und war sehr besorgt, dass unsere Beziehung völlig ruiniert würde, wenn nicht bald etwas passierte. Ich versuchte, mich dem Problem zu stellen, aber das schien alles nur noch schlimmer zu machen. Was sollten wir tun? Würden wir tatsächlich unsere eigene Tochter entlassen?

Gott hatte Dave und mich gelehrt, dass er uns segnen würde, wenn wir die Zwietracht aus unserer Ehe und unserem Werk heraushalten würden. Auf diesem Gebiet wurden wir geprüft und auf die Probe gestellt. Wir wussten, dass uns der Feind auf die Probe stellte. Es war, als ob der Teufel sagte: »Wir werden ja sehen, wie ernst es euch damit ist, die Zwietracht draußen zu lassen.«

Es gibt Beispiele dafür, wie eine zeitweilige Trennung von jemandem die Sichtweise über die gesamte Beziehung ändert. Dave und ich sprachen und beteten darüber. Wir meinten beide, dass es für unsere gesamte Beziehung besser wäre, wenn sie irgendwo anders arbeiten würde. Wir gingen zu ihr und sagten ihr ganz offen, was wir von ihr hielten, und sie war einverstanden.

Etwas später kündigte sie uns an, dass sie heiraten wollte. Noch mehr Zwietracht kam auf hinsichtlich unserer finanziellen Verpflichtungen für ihre Hochzeit. Ihre Beziehung zu mir während der Monate vor ihrer Hochzeit und selbst an ihrem Hochzeitstag war eher kühl. Und obwohl sie nur eine Viertelstunde von uns entfernt wohnte, sahen wir sie während des ersten halben Jahres, wo sie nicht mehr zu Hause wohnte, kaum und hörten auch nichts von ihr.

Eines Nachts lag ich in meinem Bett und weinte. Ich drehte mich zu Dave und sagte: »Laura liebt mich nicht mehr.« Das war ein sehr schmerzliches Gefühl für mich, wie für jede Mutter. Wenn ein Kind seine Eltern ablehnt, sind die Eltern versucht, sich als Eltern für völlige Versager zu halten.

Dave versuchte mir zu sagen, dass Laura sicherlich ihre Meinung ändern würde, wenn ich ihr etwas Zeit ließe. »Sie braucht einfach ein bisschen Zeit für sich«, sagte er. »Sie wird herausfinden, dass das Leben etwas anders ist, als sie es sich vorgestellt hat. Sie wird feststellen, dass Mama und Papa gar nicht so schlecht waren.«

Dave hatte Recht. Nach einer Weile sahen wir sie allmählich etwas häufiger. Wir waren sehr vorsichtig, dass wir uns nicht in ihre Angelegenheiten einmischten. Wir bemerkten, dass sie uns gegenüber sehr sensibel war, ob wir ihr sagten, was sie zu tun hätte. Es wäre nicht gut gewesen, ihr Vorschläge zu machen oder Anregungen zu geben. In dieser Zeit ging sie auch nicht mehr in die Kirche, und das machte uns natürlich besorgt. Aber wir wussten, es war wichtig, dass wir uns darüber nicht auf eine Auseinandersetzung mit ihr einließen.

Wir mussten sie lieben, so wie sie war, und Gott tun lassen, was getan werden musste. Wir beteten für sie, liebten sie und warteten ab. Ich will damit nicht sagen, dass wir nicht emotional darunter litten. Es war schwer für uns zu akzeptieren, dass sie nicht in die Kirche ging, in der wir im hauptamtlichen Dienst waren. Gott ist die Nummer Eins in unserem Leben und wir wollten, dass sie ihn auch zur Nummer Eins in ihrem Leben machte.

Nachdem sie ihre Stelle bei Life in the Word aufgegeben hatte, arbeitete sie in einem Anwaltsbüro. Sie sah nun etwas von der Welt und wie sie wirklich war. Sie ging gelegentlich zur Kirche, aber sie hatte sich nicht ernsthaft für den Herrn entschieden. Sie hatte niemals aufgehört zu glauben, aber sie war auf dem Weg in Schwierigkeiten, wenn sie keine Entscheidung traf. Als Christ geht man entweder mit voller Kraft voran oder man beginnt, rückwärts zu gehen. Man kann nicht stehen bleiben. Für Eltern ist es sehr schwierig, wenn sie mit ansehen müssen, wie die Kinder in diesem Bereich zu kämpfen haben, und gleichzeitig weiß, wenn man versucht, den Kindern geistliches Wachstum aufzuzwingen, dass man die Sache dann nur noch schlimmer macht.

Laura wurde nach einer Weile unglücklich. Sie dachte, mit einer neuen Stelle würde alles besser. Sie ging in eine staatliche Blindenschule. Sie hatte immer gern den leidenden Menschen geholfen und meinte, sie würde dort glücklicher sein. Eine Zeit lang war es auch so, weil es etwas Neues war. Aber bald kam dieselbe Unzufriedenheit zurück.

Wir hatten ihr gesagt, als sie unser Werk verließ, dass die Tür immer für sie offen stehen würde, wenn sie eines Tages wieder bei uns arbeiten wollte. Aber zuerst müsste sie eine geistliche Entscheidung für Gott treffen. Bis dahin hatten wir ihr bewiesen, dass wir sie so annahmen, wie sie war. Sie wusste, dass wir sie liebten. Wir konnten sogar mit ihr darüber sprechen, dass sie wieder regelmäßig zur Kirche gehen müsste und sich nicht weiter von Gott entfernen dürfte. Sie stimmte uns zu, aber sie war noch nicht bereit, das auch in ihrem Leben umzusetzen.

Schließlich kam die Zeit, als sie wieder zurückkommen und bei uns arbeiten wollte. Sie wusste, dass sie eine vollkommene Kehrtwendung machen und sich bekehren musste. Sie wusste, wie sie leben musste, wenn sie wieder für das Werk arbeiten wollte, und sie glaubte, wenn sie wieder für uns arbeitete, würde ihr das helfen, auf dem Weg zu bleiben. Wir hatten einige lange Gespräche, und wir alle einigten uns darauf, es noch einmal zu versuchen.

Kürzlich haben wir ihr fünfjähriges Jubiläum in unserem Werk gefeiert. Alles ist gut. Sie hatte für einige Zeit eine Stelle im Büro, und dann bot sich ihrem Mann die Gelegenheit, für uns als Tontechniker auf der Straße zu arbeiten. Er arbeitete recht lange in dieser Position, bis er zum Tourkoordinator befördert wurde.

Er und Laura haben hervorragende Arbeit geleistet. Wir kommen sehr gut miteinander aus, und alle sind glücklich. Sie und ihre beiden Kinder sind immer noch für unser Werk unterwegs.

Das alles begann als eine dieser Situationen, wo zu enge räumliche Nähe Schwierigkeiten verursachte. Aber wir waren alle gereift und wurden weise genug, um mit den Dingen umgehen zu können. Wir konnten wieder ein gutes Gleichgewicht herstellen.

Ich bin immer noch überrascht, wenn ich mir vorstelle, wie armselig ich mich selbst machte, wenn ich versuchte, Menschen zu ändern. Es funktionierte nie. Gott hat mit Leichtigkeit geschafft – und innerhalb kurzer Zeit –, was ich schon jahrelang vergeblich versucht hatte.

Eltern müssen sehr behutsam sein, nicht den Geist in ihrem Kind zu zerbrechen. Harte und unangemessene Bestrafung kann genau das bewirken. Das Kind tut vielleicht sein Bestes, und doch, wenn die Eltern ständig unzufrieden sind, wird es das Kind zermürben und seinen Geist brechen. Es wird nicht länger versuchen, alles auszuprobieren. Es wird möglicherweise aufgeben und rebellisch werden, als Mittel zur Verteidigung gegen ständige Kritik.

> Und ihr Väter, reizt eure Kinder nicht zum Zorn,
> sondern erzieht sie [sanft] in der Zucht und
> Ermahnung des Herrn (Eph 6, 4).

Freiheit ist eines der größten Geschenke, das wir einem Menschen machen können. Die Liebe befreit einen Menschen dazu, das zu sein, wozu Gott ihn geschaffen hat. Sie versucht nicht, ihn zum persönlichen Nutzen zu manipulieren. Liebe hilft den Menschen, ihre Schwächen zu überwinden, und sie verwandelt sie allmählich in die liebevollen Geschöpfe, die Gott ursprünglich im Sinn hatte. Wenn Sie jemanden lieben, lassen Sie ihn frei, und wenn es wahre Liebe ist, wird er zu Ihnen zurückkommen.

Ich bete dafür, dass die Beispiele aus meinem persönlichen Leben ihnen helfen werden und sie davon abhalten werden, einige der Fehler zu machen, die ich gemacht habe. Oder wenn Sie bereits den Schmerz einer zerstörten Beziehung erleben, werden Sie den Entschluss fassen, die Zwietracht zu zerstören, und nicht die Beziehungen. Vielleicht sind Sie bereit, einen Schritt zur Vergebung zu machen.

15.
SEIEN SIE
VERGEBUNGSBEREIT

● Je schneller wir bereit sind zu vergeben, umso weniger Gelegenheit hat die Zwietracht, sich zu entwickeln. Wenn ein Mensch großzügig vergibt, dann vergibt er auch schnell. Vergebung verschließt die Tür vor dem Angriff Satans und verweigert ihm einen Halt, der möglicherweise zu einem Stützpunkt werden kann.

> Ertrage einer den andern und vergebt euch untereinander, wenn jemand Klage hat gegen den andern; wie der Herr euch [großzügig] vergeben hat, so vergebt auch ihr! (Kol 3, 13).

Das Wort Gottes gibt uns viele Anweisungen über die Gefahren von Unversöhnlichkeit, Verbitterung und Groll. Vergebung kann Zwietracht verhindern oder beenden.

Wir wollen uns eine Bibelstelle im achtzehnten Kapitel des Matthäusevangliums einmal Vers für Vers ansehen. Christus spricht hier zu seinen Jüngern über Vergebung.

> Wahrlich, ich sage euch auch: Wenn zwei unter euch eins werden (miteinander harmonieren, harmonisch zusammenklingen wie eine Symphonie) auf Erden, worum [alles und jedes] sie bitten wollen, so soll es ihnen widerfahren von meinem Vater im Himmel. Denn wo zwei

> oder drei versammelt (als meine Nachfolger
> zusammengekommen) sind in meinem Namen,
> da bin ich mitten unter ihnen. (V. 19 – 20).

Der Herr sehnt sich so sehr danach, dass wir harmonisch und einmütig miteinander leben, dass er verspricht, mitten unter zwei oder mehr Menschen zu sein, die alles tun, um die Zwietracht aus ihrem Leben fern zu halten und in Frieden zu leben. Er sagt uns auch, dass diese Kraft des Einsseins unsere Gebete positiv beeinflusst. Worum friedvolle Menschen bitten, das werden sie bekommen. Allein die Gegenwart Christi in unserem Leben ist es wert, dass wir alles Erforderliche tun, um in Einmütigkeit zu leben.

Es besteht ein direkter Zusammenhang zwischen Frieden und der Gegenwart Gottes. Ich brauchte und wollte die Gegenwart Gottes in meinem Leben so sehr, dass ich alles tat, was notwendig war, um die Zwietracht aus meinem Leben fern zu halten. Zusätzlich haben wir dann noch das Versprechen Gottes, dass unsere Gebete erhört werden.

> Da trat Petrus zu ihm und fragte: Herr, wie oft
> muß ich denn meinem Bruder, der an mir
> sündigt, vergeben? Genügt es siebenmal? Jesus
> sprach zu ihm: Ich sage dir: nicht siebenmal,
> sondern siebzigmal siebenmal (V. 21 – 22).

Ich glaube, Petrus hatte es mit jemandem zu tun, der ihn regelmäßig ärgerte und angriff. Vielleicht oder auch nicht hat derjenige irgendetwas getan, was ihn provozierte. Vielleicht war es auch nur einer der Jünger, der ihm ständig ein Dorn im Auge war.

Ich kann mich an einen Menschen in meinem Leben erinnern, dem ich viele Male vergeben musste – und er weiß noch nicht einmal, dass er Vergebung braucht. Vergebung dient zwei Zielen: Sie steht Ihnen zur Verfügung, wenn jemand Sie angegriffen hat und Sie um Vergebung bittet, damit Sie sie ihm auch gewähren können. Aber Sie haben auch die Möglichkeit, jemandem zu vergeben, der Sie nicht absichtlich angegriffen oder geärgert hat und gar nichts davon weiß, aber dem Sie vergeben müssen, um Ihren inneren Frieden zu wahren.

Manchmal kommen Leute zu mir und bitten mich, ihnen zu vergeben, weil sie mich nicht mögen oder weil sie schlecht von mir gesprochen haben. Ihr Problem war mir nicht bewusst. Ihr Problem verletzte *mich* nicht – es verletzte *sie*. Mit Freuden vergab ich ihnen, denn ich wollte, dass sie frei waren. Bei anderen Gelegenheiten hat mich vielleicht jemand geärgert, ohne es zu wissen. Ich vergab ihm um meinetwillen, weil ich befreit werden musste.

Wenn Petrus nicht mit einer Situation konfrontiert gewesen wäre, wo er ständig angegriffen wurde, hätte er wahrscheinlich nicht gefragt, wie oft er seinem Bruder vergeben müsse. Petrus dachte vielleicht, er sollte siebenmal vergeben, aber Jesus gebot ihm, siebenmal siebzigmal zu vergeben. Diese Zahl steht für so viele Male, wie notwendig sind, jemandem zu vergeben, um seinen inneren Frieden zu bewahren.

> Darum gleicht das Himmelreich einem König,
> der mit seinen Knechten abrechnen wollte. Und
> als er anfing abzurechnen, wurde einer vor ihn
> gebracht, der war ihm zehntausend Zentner Silber [wahrscheinlich etwa zehn Millionen Dollar]
> schuldig. Da er's nun nicht bezahlen konnte,
> befahl der Herr, ihn und seine Frau und seine
> Kinder und alles, was er hatte, zu verkaufen und
> damit zu bezahlen. Da fiel ihm der Knecht zu
> Füßen und flehte ihn an und sprach:
> Hab Geduld mit mir; ich will dir's alles bezahlen.
> Da hatte der Herr Erbarmen mit diesem Knecht
> und ließ ihn frei, und die Schuld erließ er
> ihm auch (V. 23 – 27).

Dieses Beispiel steht für einen Sünder, der Gott so viel schuldet, dass er seine Schulden niemals bezahlen könnte. Dieser Mann bittet um Vergebung seiner Schuld, und durch den Opfertod von Jesus wird alle seine Schuld getilgt. Dies geschah durch die Gnade und Barmherzigkeit unseres himmlischen Vaters. »Sie sind allesamt Sünder und ermangeln des Ruhmes, den sie bei Gott haben sollten« (Röm 3, 23). Darum stehen diese Verse für uns alle.

> Da ging dieser Knecht hinaus und traf einen
> seiner Mitknechte, der war ihm hundert
> Silbergroschen [etwa zehn Dollar] schuldig; und
> er packte und würgte ihn und sprach: Bezahle,
> was du mir schuldig bist! Da fiel sein Mitknecht
> nieder und bat ihn und sprach: Hab Geduld mit
> mir; ich will dir's bezahlen. Er wollte aber nicht,
> sondern ging hin und warf ihn ins Gefängnis,
> bis er bezahlt hätte, was er schuldig war
> (Mt 18, 28–30).

Derselbe Mann, der seine Schuld nicht bezahlen konnte und um Gnade bat und sie auch erhielt, war selbst nicht bereit, einem anderen gegenüber Gnade walten zu lassen, der in einer ähnlichen Lage war. Dies ist ein Beispiel für unsere Beziehung zu Gott und zu anderen Menschen. Der Herr vergibt uns unsere Sünden, weil er weiß, dass wir ihm niemals zurückzahlen könnten, was wir ihm schulden, aber wir verweigern oft anderen die Befreiung von ihrer Schuld, die sie an uns begangen haben.

> Als aber seine Mitknechte das sahen, wurden sie
> sehr betrübt und kamen und brachten bei ihrem
> Herrn alles vor, was sich begeben hatte. Da for-
> derte ihn sein Herr vor sich und sprach zu ihm:
> Du böser Knecht! Deine ganze [große] Schuld
> habe ich dir erlassen, weil du mich gebeten
> hast; hättest du dich da nicht auch erbarmen
> sollen über deinen Mitknecht, wie ich mich
> über dich erbarmt habe?

> Und sein Herr wurde zornig und überantwortete
> ihn den Peinigern (den Gefängniswärtern), bis
> er alles bezahlt hätte, was er ihm schuldig war.
> So wird auch mein himmlischer Vater an euch
> tun, wenn ihr einander nicht von Herzen ver-
> gebt, ein jeder seinem Bruder (V 31 – 35).

Wenn wir uns weigern, anderen Menschen zu vergeben, öffnen wir dem Teufel eine Tür, damit er uns quälen kann. Wir verlieren unsere Freiheit – die herrliche Freiheit, die Gott für uns vorgesehen hatte, wenn wir seinen Wegen folgen. Die Liebe Gottes ist umsonst. Er ist auch gnädig, freundlich, vergebungsbereit und er wird nicht so leicht zornig. Oft wünschen wir uns die Freiheit und die Segnungen, ohne jedoch die Lebensweise zu wollen, die damit einhergeht. Vergebung muss ein Teil unseres täglichen Lebens werden. Sobald Sie von jemandem angegriffen oder verletzt werden, antworten Sie mit Vergebung.

Unversöhnlichkeit ist ein großes Problem in der heutigen Welt, aber sie ist nicht auf diese Welt beschränkt. Viele Christen haben auch eine starke Festung in diesem Bereich. Die Welt, in der wir heutzutage leben, ist voller Leid und leidenden Menschen, und ich habe die Erfahrung gemacht, dass leidende Menschen andere verletzen.

Da es viele Gelegenheiten für Angriffe gibt, ist die Bereitschaft, schnell zu vergeben, dringend notwendig. Es wäre wunderbar, wenn diese Probleme allein für die Welt gelten würden und die Kirche dagegen immun wäre, aber wir wissen, dass dies nicht der Fall ist.

Der Teufel macht Überstunden unter dem Volk Gottes, um Angriffe, Zwietracht und Disharmonie zu schüren, denn er weiß, dass damit die Kraft Gottes abgeschnitten wird, die jedem Gläubigen zur Verfügung steht.

Zwietracht ist gefährlich. Ich ermutige Sie, über Ihre Gefühle hinauszugehen, hinein ins Reich der Entscheidungen. Liebe ist kein Gefühl – sie ist eine Entscheidung. Ihre Entscheidung zu vergeben kann dann ein Gefühl bewirken.

Liebe ist die einzige Kraft, die Hass, Zorn und Unversöhnlichkeit überwinden kann. Gott ist Liebe, und wir müssen in der Liebe leben, um das Wesen Gottes sichtbar machen zu können. Liebe ist eine Anstrengung. Sie erfordert das Studium und die Meditation über das Wort Gottes zum Leben in der Liebe. In meinem Fall waren intensive Studien notwendig – über Jahre hinweg.

Es gab eine Zeit, da lebte ich hinter den Mauern, die ich um mich herum errichtet hatte, um mich vor emotionalem Schmerz zu schützen. Es dauerte eine ganze Zeit, bis ich begriff, dass ich nicht lieben konnte, solange ich hinter diesen Mauern lebte. Also musste ich lernen, dass ich nicht lieben und geliebt werden konnte, bis ich bereit war, das Risiko, verletzt zu werden, auf mich zu nehmen. Liebe verletzt manchmal, aber sie heilt auch. Ich lebte in Zwietracht, weil ich nicht bereit war, jemandem, der mich verletzt hatte, eine Chance zu geben, es noch einmal zu tun.

Wenn jemand mich angegriffen hatte, dann katalogisierte ich dies in meiner Speicherbank in meinem Kopf und errichtete eine Mauer, um diese Person auf Abstand zu mir zu halten oder um sie komplett aus meinem Leben fern zu halten. Ich hegte Groll gegen Menschen, aber in Wirklichkeit war der Groll gegen mich gerichtet. Ich war gefangen.

Der Missbrauch, den ich als Kind erlebt hatte, war zu Ende, aber die Schmerzen davon konnten nicht verschwinden, solange ich sie in meiner Seele festhielt, indem ich mich weigerte, Gott zu vertrauen, dass er mich rechtfertigen würde. Er verheißt uns Gerechtigkeit, wenn wir ihm vertrauen. Es mag vielleicht eine Zeit dauern, doch die Gerechtigkeit kommt auf eine Weise, die wir nicht voraussehen konnten, und Gott wird den leidenden Menschen Gerechtigkeit schenken, die bereit sind, seinem Plan zu folgen. Lernen Sie, denen zu vergeben, die Sie verletzt haben! Das ist der erste Schritt hin zur Genesung.

> Und Jesus antwortete und sprach zu ihnen: Habt [immer] Glauben an Gott! Wahrlich, ich sage euch: Wer zu diesem Berge spräche: Heb dich und wirf dich ins Meer! und zweifelte nicht in seinem Herzen, sondern glaubte, daß geschehen werde, was er sagt, so wird's ihm geschehen.

> Darum sage ich euch: Alles, was ihr bittet in eurem Gebet, glaubt nur [vertraut darauf und seid zuversichtlich], daß ihr's empfangt, so wird's euch zuteil werden. Und wenn ihr steht und betet, so vergebt (lasst es los, trennt euch davon), wenn ihr etwas gegen jemanden habt, damit auch euer Vater im Himmel euch vergebe eure Übertretungen. Wenn ihr aber nicht

vergebt, so wird euer Vater, der im Himmel ist,
eure Übertretungen auch nicht vergeben
(Mk 11, 22 – 26).

Wenn Sie dem Menschen, der Sie schwer verletzt hat, nicht vergeben konnten, haben Sie vielleicht dem Feind erlaubt, Sie zu der Überzeugung zu verleiten, dass Sie ihm nicht vergeben könnten. Erklären Sie Folgendes jeden Tag:

> Ich kann und werde _____
> vergeben, dass er/sie mich verletzt hat. Ich kann
> es, weil der Geist Gottes in mir ist und mich in
> die Lage versetzt zu vergeben.

Die Kirchen sind voll von ungläubigen Gläubigen. Wir nennen uns Gläubige, aber wir glauben nicht, dass wir die Dinge tun können, von denen wir wissen, dass wir sie tun müssten. Gehen Sie diese Dinge positiver an und seien Sie aggressiver gegenüber den Angriffen des Teufels. Vergeben Sie schnell! Vergeben Sie reichlich! Seien Sie großzügig mit Vergebung! Denken Sie daran, wie oft Gott Ihnen jeden Tag vergibt!

Seien Sie fest entschlossen, nicht in Zwietracht zu leben. Lassen Sie sich von der Zwietracht nicht das Erbteil stehlen, das Gott Ihnen als rechtmäßig zugesprochen hat.

16.
ZWIETRACHT STIEHLT UNSER ERBTEIL

● Wir teilen ein gemeinsames Erbe mit Jesus Christus. Jesus sagte in Johannes 16, 15: »Alles, was der Vater hat, das ist mein. Darum habe ich gesagt: Er [der Heilige Geist] wird's von dem Meinen nehmen und euch verkündigen.« Denken Sie darüber nach. Alles, was der Vater hat, gehört uns durch Jesus Christus. Was hat der Vater? Ganz sicher hat er keine Zwietracht. Alles, was er hat, dient uns zum Leben. Sein Reich ist ein Reich der Gerechtigkeit, des Friedens und der Freude. Alles, was in einem rechten Verhältnis zu ihm steht, wird richtige Gedanken, Worte und Taten hervorbringen. Übernatürlicher Friede und Freude, die sich nicht auf positiven oder negativen Umständen gründen, gehören dem Gläubigen.

> Den Frieden lasse ich euch, meinen [eigenen] Frieden gebe ich euch. Nicht gebe ich euch, wie die Welt gibt. Euer Herz erschrecke nicht und fürchte sich nicht. [Lasst Euch nicht mehr aus der Fassung bringen und innerlich aufwühlen; und habt keine Angst oder seid eingeschüchtert und feige und unruhig] (Joh 14, 27).

Im Wesentlichen sagte Jesus: »Ich vererbe euch meinen Frieden. Ich gehe fort und was ich euch gerne hierlassen möchte, ist mein Friede.« Sein besonderer Friede ist ein wunderbarer Besitz. Wie wertvoll ist Friede? Was ist er wert?

Der Friede war es wert, dass Jesus dafür sein Blut vergoss.

> Aber er ist um unsrer Missetat willen verwundet und um unsrer Sünde willen zerschlagen. Die Strafe [die notwendig ist, um Frieden zu erlangen] liegt auf ihm, auf daß wir Frieden hätten, und durch seine Wunden sind wir geheilt.
> (Jes 53, 5).

Die Strafe unseres Friedens lag auf ihm. Die erforderliche Bestrafung und die fällige Begleichung wurde ihm übertragen. Er wurde das Blutopfer, das unsere Sünde sühnte und sie hinweggenommen hat, damit wir in Frieden leben können. Gott will, dass wir mit ihm, mit uns selbst und mit unserem Nächsten in Frieden leben sollen. Er will, dass wir inmitten unserer tagtäglichen Umstände Frieden haben sollen – Friede morgens, nachts und zu jeder Zeit dazwischen. Der Friede ist unser Erbteil!

Die Zwietracht ist der Dieb des Friedens. Selbst eine geringfügige Menge Zwietracht wird Ihnen einen Teil des Friedens rauben, der Ihnen zugesprochen wurde.

Friede und Freude am Leben gehen Hand in Hand. Satan kommt, um zu töten, zu stehlen und zu zerstören, und er erreicht sein Ziel, zumindest zu einem großen Teil, durch Zwietracht. Jesus kam, dass wir das Leben haben sollten und um es zu genießen. Die Menschen haben viel mehr vom Leben, wenn sie Frieden im Überfluss haben. Friede ist herrlich!

Seelenfrieden

Seelenfrieden ist ein kostbarer Schatz. Der Teufel stiehlt uns unseren Seelenfrieden, unser Erbe, indem er uns mit Sorgen, Furcht und Verwirrung angreift. Haben Sie schon einmal daran gedacht, dass Verwirrung Zwietracht in Ihrer Seele ist? Ein Mensch, der verwirrt ist, liegt mit sich selbst im Streit. Seine Gedanken fliegen hin und her im Streit miteinander. Ein Mensch mit zwei Seelen hat keinen Frieden. Aber die

Bibel lehrt uns ganz eindeutig, dass der Seelenfriede unser Erbe ist. Sie lehrt uns auch, wie wir diesen Seelenfrieden erlangen können.

> Sorgt euch um nichts, sondern in allen Dingen laßt eure Bitten in Gebet und Flehen (konkrete Bitten) mit Danksagung vor Gott kundwerden! Und der Friede Gottes [soll Euch gehören, dieser friedliche Zustand einer Seele, die sich ihrer Rettung durch Jesus Christus sicher ist, und deshalb nichts von Gott zu fürchten hat, und die mit ihrem irdischen Los zufrieden ist, wie schwer es auch sein mag, dieser Friede], der höher ist als alle Vernunft, bewahre eure Herzen und Sinne in Christus Jesus (Phil 4, 6–7).

> Wer festen Herzens [sowohl seine Neigung als auch sein Charakter] ist, dem bewahrst du Frieden; denn er verläßt sich auf dich
> (Jes 26, 3).

Es ist wichtig, dass Sie sich klarmachen, dass der Friede ihr ererbtes Recht ist. Andernfalls kann der Teufel Sie davon überzeugen, dass Sie sich Sorgen machen müssen, wenn Sie Probleme haben. Viele Mütter halten sich für schlechte Mütter, wenn Sie sich keine Sorgen um ihre Kinder machen. Diese christlichen Frauen lieben den Herrn, aber sie haben noch nichts von den Gefahren der Zwietracht gehört.

Ihre Seele hat keinen Frieden; ihre Seele ist voller Sorge, Furcht und Aufruhr. Daraus entstehen völlig verwirrte Gefühle. Sorge führt zum emotionalen Chaos. In Johannes 14, 27 rät Jesus: »Euer Herz erschrecke nicht und fürchte sich nicht.«

Zwietracht ist nicht nur ein Problem *zwischen* Menschen; sie ist ganz oft auch ein Problem *in* einem Menschen. Was geht in Ihnen vor? Ist Ihr inneres Seelenklima friedlich oder von Zwietracht geprägt?

> Keiner Waffe, die gegen dich bereitet wird, soll
> es gelingen, und jede Zunge, die sich gegen dich
> erhebt, sollst du im Gericht schuldig sprechen.
> Das [dieser Friede, Gerechtigkeit, Sicherheit,
> Triumph über Widerstand] ist das Erbteil der
> Knechte des HERRN, und ihre Gerechtigkeit
> kommt von mir, spricht der HERR (Jes 54, 17).

Friede ist unser Erbteil. Er ist unser Erbteil durch die »Linie des Blutes«. Durch das Blut von Jesus bekomme ich diesen Frieden. Er ist mein! Ich bin fest entschlossen, mir mein Erbteil nicht vom Teufel durch Zwietracht stehlen zu lassen. Lernen Sie, Zwietracht zu erkennen. Weigern Sie sich, ihr Zutritt zu Ihrem Leben zu gewähren.

Lassen Sie Gott Ihnen die Wurzel Ihres Problems aufzeigen. Satan will nicht, dass Sie das wahre Problem erkennen. Er will, dass Sie sich sozusagen im Kreis drehen, immer auf der Suche nach etwas, was Sie niemals finden werden. Wir kämpfen nicht mit Fleisch und Blut. Oftmals sind unsere Probleme gar nicht das, was wir dahinter vermuten, sondern sie haben ihre Wurzel in subtiler, verborgener Zwietracht.

Auf diese Art und Weise verführt Satan die Menschen. Sie verbringen ihr Leben damit, sich mit den falschen Themen abzugeben. Stellen Sie sich dem Geist der Zwietracht, und Sie werden sehen, wie viele Probleme in sich zusammenfallen.

Halten Sie die Zwietracht aus Ihrem Leben heraus; aus Ihren Gedanken, Worten und Einstellungen; aus Ihren Beziehungen. Halten Sie Frieden mit Gott, mit sich selbst und mit Ihrem Nächsten. Der Friede gehört Ihnen. Jesus hat ihn Ihnen bereits gegeben. Beginnen Sie, im Frieden zu leben. Treffen Sie heute eine Entscheidung: »Ich mache Schluss mit dem inneren Chaos und dem Aufruhr; der Friede ist mein, und ich werde ihn *jetzt* leben.«

Erben teilen Leid und Herrlichkeit

Friede ist herrlich, aber es wäre Ihnen gegenüber nicht fair, wenn ich Ihnen verschweigen würde, dass oftmals das Leid die Straße zur Herrlichkeit ist. Römer 8, 17 formuliert dies ganz deutlich. »Sind wir aber [-seine]Kinder, so sind wir auch [seine]Erben, nämlich Gottes Erben und Miterben Christi [die sein Erbe mit ihm teilen], wenn wir denn mit ihm leiden, damit wir auch mit zur Herrlichkeit erhoben werden.« Genau in diesem Augenblick lebt Jesus in Herrlichkeit, aber er musste die Straße des Leidens gehen, um dorthin zu gelangen. Er wurde gehorsam bis zum Tod. Er starb für seine eigenen angeborenen, menschlichen Wünsche und lebte für den Willen seines Vaters. Paulus sagte: »Ich sterbe täglich« (1. Kor 15, 31). Ich glaube, er wollte damit ausdrücken: »Es gibt viele Dinge, die ich lieber tun würde, und Dinge, die ich lieber nicht tun würde, aber ich sage Nein und folge dem Geist Gottes, der in mir ist.«

Um in Frieden leben und unser Erbe genießen zu können, müssen wir uns dafür entscheiden, Dinge richtig und angemessen anzugehen, damit der Friede immer bei uns bleibt. Friedensstifter zu sein bedeutet oft, leiden zu müssen. Es erfordert, dass man zum Fleisch Nein sagt. Das ist leiden.

Menschen können dazu verleitet werden zu glauben, sie müssten die Last auf sich nehmen, die Jesus bereits am Kreuz getragen hat. Die Last der Sünde und des Leids sind durch das Blut von Jesus von uns genommen worden. Aber es gibt einiges Leid, das wir aufgerufen sind zu tragen, um göttlich, heilig, gerecht, friedlich und freudevoll leben zu können.

Gott hat uns gesagt: »Ich habe euch Leben und Tod vorgelegt, wählt das Leben« (5. Mose 30, 19, in der Formulierung der Autorin). Die richtige Entscheidung zu treffen kann zu Leid führen, wenn das Fleisch nicht seine eigenen Wege gehen kann. Ich bin sicher, dass Sie inzwischen festgestellt haben, dass Ihr Fleisch eine eigene Seele hat.

Das Fleisch dient dem Tod, aber der Heilige Geist dient dem Leben. Wenn wir dem Fleisch folgen, ist Tod das Ergebnis. Wenn wir dem Geist folgen, ist Leben die Belohnung. Wenn Sie Frieden anstelle von Zwietracht wählen, werden Sie sicherlich mit dem Leben belohnt werden – und mit allen Segnungen, die es mit sich bringt. Aber zuerst werden Sie wahrscheinlich in Ihrem Fleisch leiden, um diesen Frieden zu erlangen.

Zum Beispiel stehe ich morgens auf und habe Frieden. Es ist ein herrlicher, sonniger Tag, und ich habe schöne Pläne, die mir den ganzen Tag lang Freude machen werden. Wenn alles so läuft, wie ich es geplant habe, wird alles gut sein. Jedoch passieren plötzlich Dinge, die mir andeuten wollen, dass *mein* Plan wohl nicht vollständig zum Zuge kommen wird.

Ein Telefonanruf aus dem Büro informiert mich darüber, dass unsere neue Telefonanlage nicht richtig funktioniert und dass viele Anrufe gar nicht durchkommen. Durch diese Information bekomme ich die Gelegenheit, zwischen Leben und Tod zu entscheiden. Entweder kann ich mir Sorgen machen, oder ich kann beten und meine Sorge auf Jesus werfen. Wenn ich meine Sorge auf Jesus werfe, bleibt mir der Friede erhalten. Aber mein Fleisch drängt mich dazu, mir Sorgen zu machen, weil es für sich selbst sorgen will.

Meine fleischliche Seele will herausfinden, warum dieses Problem aufgetreten ist, und was ich tun kann, um sicherzustellen, dass es nicht wieder passiert. Der Teufel benutzt diese Situation (die er natürlich eingefädelt hat), um Zwietracht gegen die Firma, bei der wir die Telefonanlage gekauft haben, in meine Gedanken zu streuen. Wenn ich nicht gut aufpasse, werde ich über kurz oder lang dort anrufen und ihnen sagen, was ich von ihnen und ihrer Telefonanlage halte.

Erinnern Sie sich, als ich morgens aufgestanden bin, war alles wunderbar. Wenn ich es zulasse, hat der Telefonanruf die Macht, meinen ganzen Tag und meine Einstellung zu verändern. Wenn ich mich richtig entscheide, kann es sein, dass ich in einigen Bereichen vorübergehend leiden muss, aber letztlich wird diese Entscheidung dazu führen, dass ich in vielen anderen Bereichen die Herrlichkeit erlebe.

Im Bereich des Leidens geraten wir oft aus dem Gleichgewicht. Manche glauben, dass wir Gott durch unser Leiden verherrlichen. Wir sagen: »Wir wollen das Leid lieben und keiner Schwierigkeit ausweichen.« Andere glauben, dass Christen niemals leiden sollten, sich niemals unbehaglich fühlen sollten und immer alles bekommen, wie sie es wollen.

Wir können nicht im Graben an der Seite der Straße des Leidens leben. Wir müssen unseren Kurs genau in der Mitte der Straße verfolgen. Wir brauchen Gleichgewicht und Ausgewogenheit – keine Extreme.

Das Leiden an sich verherrlicht Gott nicht. Aber eine richtige Einstellung in Zeiten des Leidens zu bewahren, und zum Leiden bereit zu sein, um Gottes Willen zu tun, das verherrlicht ihn. Die richtigen Entscheidungen werden Herrlichkeit in unser Leben bringen. Ich lebe nun die meiste Zeit in herrlichem Frieden. Ich hatte viel Leid durchzumachen, um hierhin zu gelangen. Ich musste lernen zu schweigen, wenn ich lieber weitergeredet hätte. Ich musste lernen, demütig zu sein und mich zu entschuldigen, auch wenn ich nicht der Meinung war, etwas falsch gemacht zu haben. Als ich diese richtigen Entscheidungen traf, litt mein Fleisch.

Ich musste schweigen, wenn mein Ehemann glaubte, er wäre im Recht, obwohl ich lieber mit ihm gestritten hätte und versucht hätte zu beweisen, dass ich die richtige Antwort hatte. Ich musste mich von Unterhaltungen entfernen, wo Menschen kritisiert und verurteilt wurden, nur um mich von der Zwietracht, die ich spüren konnte, fern zu halten. Mein Fleisch litt, weil es neugierig war und alles wissen wollte.

Sogar etwas so Einfaches, wie wenn man sich entschließt zu lächeln, obwohl man lieber schreien würde, verursacht dem Fleisch Leiden. Haben Sie keine Angst vor »göttlichem Leiden«. Die richtige Art Leiden wird Herrlichkeit hervorbringen. Der Apostel Paulus schrieb einen Brief an die Korinther, in dem er in etwa Folgendes sagte: »Auch wenn ich euch durch meinen Brief traurig gemacht habe, reut es mich nicht, denn ich weiß, dass er später Gutes in Eurem Leben hervorbringen wird« (Siehe 2. Kor 7, 8).

Wenn Sie sich für Zwietracht entscheiden, werden Sie leiden. Warum entscheiden Sie sich dann nicht für den Frieden, der zwar dem Fleisch Leiden zufügt, der aber auch am Ende zum Sieg führt? Wenn Sie wegen Zwietracht leiden, wird dies nur noch mehr Leid und größere Probleme mit sich bringen. Warum dann nicht auf göttliche Art leiden und wissen, dass es zur Herrlichkeit führt?

Satan fürchtet sich vor dem Frieden. Wenn Sie lernen können, wie Sie im Frieden bleiben, dann werden Sie ihn besiegen und das weiß er. Friede ist eigentlich geistlicher Kampf, wie wir im nächsten Kapitel erfahren werden. Der Friede muss der Schiedsrichter in Ihrem Leben sein. Ein Schiedsrichter trifft die Entscheidung, die die Angelegenheit in Ordnung bringt. Jedes Team kann glauben, dass der Schiedsspruch zu seinen Gunsten ausfallen müsse, aber es ist der Schiedsrichter, der die letzte Entscheidung hat. Und sobald er seinen Spruch gefällt hat, ist die Sache erledigt.

Lassen Sie den Frieden die entscheidende Stimme in der Wahl haben, die Sie zu treffen haben. Wenn etwas nicht zum Frieden führt, werfen Sie es hinaus. Leben Sie nicht nur für den Augenblick. Seien Sie jetzt weise in Ihren Entscheidungen, damit Sie später damit zufrieden sind.

> Und der Friede Christi (Harmonie der Seele,
> die von Christus kommt), zu dem ihr auch berufen seid [als Glieder Christi] in einem Leibe,
> regiere [handle immer als Schiedsrichter] in
> euren Herzen [und entscheide und regle endgültig alle Fragen auf diese friedliche Art, die in
> eurem Geist aufkommen); und seid dankbar
> (anerkennend), [und verherrlicht Gott immer)
> (Kol 3, 15).

Wenn es Ihnen einmal schwer fällt, Gott zu hören, oder wenn Sie in einer Situation entscheiden können, was Sie tun sollten, folgen Sie immer dem Weg des Friedens.

Niemand könnte ein Buch schreiben, das so umfangreich ist, dass es jede Situation, der man irgendwann einmal begegnen kann, behandeln könnte. Aber der Heilige Geist ist gekommen, um das Erbe zu verwalten, für das Jesus gestorben ist. Friede ist eine Ihrer ererbten Segnungen. Der Heilige Geist möchte, dass Sie in Ihrem Erbe leben, aber die letzte Entscheidung haben immer noch Sie selbst. Wählen Sie das Leben! Wählen Sie den Frieden! Entscheiden Sie sich, den Kampf des Friedens zu kämpfen.

17.
DER KAMPF DES FRIEDENS

● Während der ersten paar Jahre als Christ hörte ich mir viele Vorträge über den geistlichen Kampf an. Ich versuchte, alles zu lernen, was ich nur konnte, um den Teufel zu bekämpfen, denn es war offensichtlich, dass er mir viele Schwierigkeiten machte. Ich wollte zur Abwechslung einmal die Oberhand behalten. Es schien, dass ich mit all den Methoden, die ich erlernt hatte, keinen Erfolg zu haben schien. Dann war der Herr barmherzig zu mir und enthüllte mir einige Wahrheiten, die zu einer Segnung in meinem Leben geworden sind. Er zeigte mir, dass geistliche Kriegs-«Praktiken« gut sind – aber sie sind nur Träger, oder Behälter für Gottes wahre Kraft.

Ich war so sehr damit beschäftigt zu tadeln, zu widerstehen, auszutreiben und fallen zu lassen, mich zu binden und zu befreien, zu fasten und zu beten, und alles, was man mir sonst noch sagte, was ich unbedingt tun müsse. Die Ergebnisse waren sehr mager und ich war erschöpft. Ich erreichte allmählich den Punkt des »geistlichen Ausgebranntseins«. Das geschieht, wenn ein Christ ständig Dinge tut, die nicht zu Erfolgserlebnissen führen.

Gott eröffnete mir einen völlig neuen Weg, wie ich den geistlichen Kampf betrachten konnte, als er mich aufforderte, aufmerksam zu beobachten, wie Jesus mit dem Teufel umging. Als ich diese Aufforderung beherzigte, konnte ich nicht entdecken, dass Jesus all die Dinge tat, die ich die ganze Zeit getan hatte. Zum Beispiel lernte ich, dass es ein geistlicher Kampf ist, wenn man Gott gegenüber gehorsam bleibt.

Den Teufel mit Gehorsam bekämpfen

Wir zitieren oft nur einen Teil aus Jakobus 4, 7. Ich höre meistens, dass diese Stelle so zitiert wird: »Widersteht dem Teufel, so flieht er von euch.« Darum widerstand ich so eifrig, aber der Teufel floh nicht. Dann sah ich mir den kompletten Vers an: »So seid nun Gott untertan. Widersteht dem Teufel [steht ihm fest entgegen], so flieht er von euch.«

Der erste Teil, in dem es darum geht, Gott untertan zu sein, ist genauso wichtig wie der zweite Teil über den Widerstand gegenüber dem Teufel. Mir wurde klar, dass ich das *Untertansein* nicht so ernst nahm wie das *Widerstehen*. Es war eine große Erleichterung, als ich erkannte, dass mein Gehorsam gegenüber Gott den Teufel dazu brachte, vor mir zu fliehen.

Der einundneunzigste Psalm wirft ein neues Licht auf die Aufgabe der Engel in unserem Leben.

> Denn er hat seinen Engeln [ganz besonders]
> befohlen, daß sie dich behüten auf allen deinen
> Wegen [des Gehorsams und des Dienstes für
> Gott] (Ps 91, 11).

Wenn wir Gott gegenüber gehorsam sind, stehen uns die Engel in unserem Kampf bei. Der Beistand der Engel wird unsere Aufgabe ganz bestimmt sehr erleichtern. Engel arbeiten nicht einfach nur für mich, weil ich lebe, und sie arbeiten auch nicht einfach für mich, weil ich glaube, dass Jesus mein Erlöser ist. Sie horchen auf das Wort Gottes. Wenn wir das Wort Gottes sprechen und gehorsam sind und Gott und den Menschen dienen, dann wirken die Engel für uns und schützen uns vor dem Fürsten und den Mächten der Dunkelheit. Das heißt natürlich nicht, dass wir niemals wieder Fehler machen könnten oder keinen Schaden mehr nehmen. Es heißt, dass wir ein Leben im Gehorsam gegenüber Gott sehr ernst nehmen müssen.

Gott offenbarte mir auch, dass ein Leben in der Liebe zum geistlichen Kampf führt. Der Teufel kann mit einem Liebenden nichts anfangen! Er konnte Jesus nicht kontrollieren, weil er gehorsam war und in der Liebe lebte. Jesus liebte immer die Menschen und war gut zu ihnen. Das Wort Gottes lehrt uns: »Erhaltet euch in der Liebe Gottes« (Jud 1, 21).

Das kann eine viel tiefere Bedeutung haben, als einfach nur in der Liebe zu bleiben. Es kann Ihnen womöglich sagen, dass Sie sich viel Leid ersparen, wenn Sie in der Liebe bleiben. Die Schrift sagt uns, dass in den letzten Tagen, »die Liebe in vielen erkalten wird« (Mt 24, 12). Dieser Vers sagte uns, dass »erkaltete Liebe« eines der Anzeichen für die letzten Tage sein wird. Aber Petrus ermahnt uns:

> Vor allen Dingen habt untereinander beständige Liebe; denn »die Liebe deckt auch der Sünden Menge« [vergibt und beachtet nicht die Angriffe und Beleidigungen der anderen] (1. Petr 4, 8).

Der Teufel bringt Sünde, Disharmonie und Zwietracht unter die Menschen, aber das Gegenmittel für all diese Vergiftung ist die Liebe! Wir können alle Teufel auf der Welt zurechtweisen – wir können sie regelrecht anschreien, bis wir keine Stimme mehr haben – aber sie werden nicht vor dem Menschen fliehen, der nicht darauf achtet, dass er Gott gegenüber gehorsam ist und in der Liebe lebt.

Satan weiß, dass Christen, die »die Sprache sprechen«, aber nicht »den Weg gehen«, machtlos gegen ihn sind. Seine endzeitliche Kampfstrategie besteht darin, dass er eine Festung aus erkalteter Liebe aufbaut.

So kann er dafür sorgen, dass die Gemeinde von Jesus Christus machtlos bleibt, aber wenn wir im Frieden bleiben, können wir einen geistlichen Kampf kämpfen und seine Taktiken bekämpfen.

Ein Ort der Ehre

Der Gläubige ist »mit eingesetzt im Himmel in Christus Jesus« (siehe Eph 2, 6). *Eingesetzt* hat mit Ruhe zu tun. Ruhe und Frieden sind synonym. Der Hebräerbrief lehrt uns, dass wir in die Ruhe Gottes eingehen sollen und von unserer Lustlosigkeit und den Schmerzen der menschlichen Arbeit ablassen sollen (siehe Hebr 4, 3, 10–11). Diese Ruhe war und ist greifbar für uns, seit Jesus kam, für uns starb, von den Toten auferstand und in den Himmel auffuhr.

Die Ruhe ist greifbar für uns, aber wir werden ermutigt, in sie »einzugehen«. Wir gehen in die Ruhe Gottes ein, wenn wir an sein Wort glauben und auf ihn vertrauen, anstatt auf uns selbst oder irgendjemand anderen. Wir kämpfen eigentlich einen geistlichen Kampf, wenn wir in der Ruhe Gottes bleiben.

> ... und euch [zu keinem Augenblick] in keinem Stück erschrecken lasst von den Widersachern, was [Beständigkeit und Furchtlosigkeit] ihnen ein Anzeichen [Beweis und Siegel) der [bevorstehenden] Verdammnis ist, euch aber [ein sicheres Zeichen und ein Beweis für eure] der Seligkeit, und das von Gott (Phil 1, 28).

Beständigkeit bedeutet, dass wir immer gleich bleiben – stabil und dauerhaft. Es ist ein Zeichen für den Feind für seine bevorstehende Zerstörung. Wenn wir in Frieden und Freude ruhen, während der Teufel uns angreift, besiegen wir ihn im wahrsten Sinne des Wortes. Er kann nicht mit einem Gläubigen umgehen, der weiß, wie man »seinen Frieden hält«. Beständigkeit ist auch ein äußeres Zeichen, dass wir auf Gott vertrauen. Es ist das Vertrauen, das Gott dazu veranlasst, uns zu retten.

Wir haben den Nutzen daraus, wenn wir den Teufel besiegen, aber Jesus hat auch einen Nutzen. Es bringt ihm Lob und Ehre, wenn wir nach seinem Wort handeln. Er kann uns mit seinem Erbteil in ihm segnen. Über Gottes Verheißungen zu sprechen ist ermutigend, aber sie zu besitzen ist noch viel besser.

> Wohl [zufrieden, glücklich, beneidenswert) dem, den du, HERR, in Zucht nimmst und lehrst ihn durch dein Gesetz, ihm Ruhe zu schaffen vor bösen Tagen, bis dem Gottlosen die [unvermeidliche] Grube gegraben ist (Ps 94, 12–13).

Der Plan Gottes besteht darin, in unserem Leben zu wirken, uns an den Ort zu bringen, an dem wir während der Zeiten der Not unsere Ruhe bewahren können.

> Fürchte dich nicht [es gibt nichts, wovor du dich fürchten müsstest], ich bin mit dir; weiche nicht, denn ich bin dein Gott. Ich stärke dich, ich helfe dir auch, ich halte dich durch die [siegreiche] rechte Hand meiner Gerechtigkeit.
>
> Siehe, zu Spott und zuschanden sollen werden alle, die dich hassen; sie sollen werden wie nichts, und die Leute, die mit dir hadern, sollen umkommen. Wenn du nach ihnen fragst, wirst du sie nicht finden. Die mit dir hadern, sollen werden wie nichts, und die wider dich streiten, sollen ein Ende haben.
>
> Denn ich bin der HERR, dein Gott, der deine rechte Hand fasst und zu dir spricht: Fürchte dich nicht, ich helfe dir!
>
> Fürchte dich nicht, du Würmlein Jakob, du armer Haufe Israel. Ich helfe dir, spricht der HERR, und dein Erlöser ist der Heilige Israels. Siehe, ich habe dich zum scharfen, neuen Dreschwagen gemacht, der viele Zacken hat, dass du Berge zerdreschen und zermalmen sollst und Hügel wie Spreu machen.
>
> Du sollst sie worfeln, dass der Wind sie wegführt und der Wirbelsturm sie verweht. Du aber wirst fröhlich sein über den HERRN und wirst dich rühmen des Heiligen Israels (Jes 41, 10-16).

Diese Verse habe ich wie folgt umschrieben:

> Fürchte dich vor nichts. Lass dich von nichts nervös machen. Fange nicht an, auf die Umstände um dich herum zu blicken; fange nicht an, dir Sorgen zu machen. Bleibe friedlich, ich bin dein Gott. Ich werde dir helfen; ich werde dich halten. Wenn wir uns fühlen, als ob wir im nächsten Augenblick einbrechen würden, haben wir die Verheißung Gottes, dass er uns hält!
>
> All jene, die Zwietracht gegen dich hegen, die mit einem Geist des Streits und des Kampfes auf dich zukommen, werden als nichts enden. Ich kann wirken, weil es beweist, dass du mir vertraust.
>
> In diesen schweren Zeiten schaffe ich etwas Neues in dir. Ich verwandle Dich in eine neue, scharfe Dreschmaschine, die den Feind niedermähen wird. Deine Belohnung wird Herrlichkeit und Freude sein.

Jesus besiegte den Feind mit Sanftmut, Liebenswürdigkeit, Freundlichkeit und Liebe. Seine Nachfolger wollten, dass er ein Königreich auf Erden aufbaut und sich wie ein irdischer König benähme. Sie wollten, dass er gegen den Feind marschierte, so wie sie Krieg führten. Aber er lehrte sie einen anderen Weg, ihre Schlachten zu schlagen: »Ich aber sage euch: Liebt eure Feinde und bittet für die, die euch verfolgen (verletzen und missbrauchen)« (Mt 5, 44). Er sagte:

> Aber ich sage euch, die ihr zuhört: [damit ihr meinen Worten Beachtung schenkt, macht es euch zur Gewohnheit] Liebt eure Feinde; tut wohl (tut Gutes, handelt nobel gegenüber)

denen, die euch hassen; segnet, die euch verfluchen (die euch schmähen, die Euch Vorwürfe machen, die euch herabsetzen und euch eigenmächtig missbrauchen]; bittet für die, die euch beleidigen (Lk 6, 27–28).

Das war eine ganz neue Art zu denken! Jesus war gekommen, um uns einen »neuen und lebendigen Weg« (Hebr 10, 20) zu eröffnen – einen Weg, der dem Leben, anstatt dem Tod diente.

Der Friede wird dem Krieg ein Ende setzen

Es kann eine ganz neue Art zu denken sein, wenn man den Frieden als geistlichen Kampf betrachtet. Mir ging es jedenfalls so. Ich hatte mein ganzes Leben mit dem Versuch verbracht, meine eigenen Schlachten zu schlagen. Ich dachte, wenn ich die geistliche Kriegskunst erlernte, würden all meine Kämpfe vorbei sein. Schließlich hatte ich den Schuldigen hinter meinen Problemen festmachen können – über ihn Macht zu gewinnen würde der Not ein Ende setzen.

Stattdessen endete ich in einem Kampf mit dem Teufel, der mir keine Erfolgserlebnisse brachte, einfach weil ich zwar die Methoden hatte, aber nicht die Macht, die durch sie hindurchfließt. Friede, Liebe und Gehorsam sind Macht! Meine Vernunft sagte mir, ich muss den Teufel mit Wut bekämpfen – nicht mit Frieden. Aber wie kann man mit Frieden einen Krieg gewinnen?

Denken Sie für einen Augenblick einmal an einen irdischen Krieg. Was setzt dem Krieg schließlich ein Ende? Eine oder beide Seiten beschließen, nicht länger gegeneinander zu kämpfen. Selbst wenn nur eine Seite beschließt, nicht mehr zu kämpfen, muss die andere letztlich aufhören, weil es niemanden mehr gibt, gegen den sie kämpfen könnte.

Mein Ehemann machte mich ganz verrückt, weil er einfach nicht mit mir kämpfen wollte. Ich war wütend und zornig, und ich wollte, dass er nur ein Wort sagte, worauf ich dann herumreiten konnte. Aber wenn er bemerkte, dass ich einfach nur Streit suchte, wurde er ruhig und sagte zu mir: »Ich werde mich nicht mir dir streiten.«

Manchmal stieg er sogar ins Auto und fuhr eine Weile weg, was mich nur noch wütender machte. Aber das Ergebnis war letztendlich, dass ich nicht mit jemandem kämpfen konnte, der nicht zurückkämpfen wollte. Wenn wir unseren Schlachten mit Frieden begegnen und den Aufregungen des Lebens mit Frieden antworten, werden wir große Siege erleben!

Die Methoden, die Jesus uns anzuwenden lehrt, um siegreich zu sein, sind gewöhnlich genau das Gegenteil von dem, was in unserem Kopf Sinn zu machen scheint. Er fordert uns auf: »Verkaufe, was du hast, und gib's den Armen, so wirst du einen Schatz im Himmel haben« [gib weg, was du hast, und du wirst am Ende mehr haben, als du zu Anfang hattest] (Mt 19, 21). Und »Aber viele, die die Ersten sind, werden die Letzten und die Letzten werden die Ersten sein« (Mt 19, 30). Er lehrt uns, dass »der Weg nach oben zunächst nach unten führt, wer sich selbst erniedrigt, der wird erhöht« (siehe Mt 18, 4; Mt 23, 12; Jak 4, 6; und 1. Petr 5, 6).

Jesus eroberte mit Sanftmut. Er regierte mit Freundlichkeit. Er erniedrigte sich selbst und wurde weit über jede andere Autorität gesetzt. Wenn wir diese Grundsätze annehmen können, auch wenn wir sie mit unserer Vernunft nicht begreifen, dann können wir ganz sicher auch akzeptieren, dass Friede geistlicher Kampf ist.

Als die Israeliten das Rote Meer vor sich sahen und das Heer der Ägypter hinter sich, bekamen sie Angst und riefen Mose.

> Da sprach Mose zum Volk: Fürchtet euch nicht, stehet fest (vertrauensvoll, unbeeindruckt) und sehet zu, was für ein Heil der HERR heute an euch tun wird. Denn wie ihr die Ägypter heute seht, werdet ihr sie niemals wiedersehen. Der HERR wird für euch streiten, und ihr werdet stille sein (2. Mose 14, 13–14).

Beachten Sie bitte, dass Mose ihnen sagte, sie sollen Frieden halten und »stille sein«. Warum wohl? Sie waren im Krieg, und es war erforderlich, dass sie friedlich reagierten, um die Schlacht zu gewinnen! Gott wollte für sie kämpfen, wenn sie ihr Vertrauen auf ihn bewiesen, indem sie friedlich waren. Wenn sich Schwierigkeiten auftun, sind wir zuerst versucht, uns aufzuregen und emotional zu handeln, erst eine Sache versuchen, dann eine andere, und wir hoffen, dass wir etwas finden, was funktioniert und die Situation ändert.

All dies sind nicht zu akzeptierende Verhaltensweisen für den Gläubigen, der im Vertrauen auf Gott wandelt. Keine von diesen Verhaltensweisen wird ihm den Sieg bescheren! Sie haben die Anweisung »Frieden zu halten«. Jesus gab uns Frieden. Er ist unser Erbe. Der Teufel versucht regelmäßig, ihn uns wegzunehmen, aber er gehört uns, und wir müssen daran festhalten.

Was Gott uns gibt, gehört uns. Aber wir können es behalten, benutzen, verlieren oder weggeben. Adam hatte von Gott Macht bekommen, aber er hatte sie an Satan gegeben, den man den Gott dieser Welt nennt. Gott der Herr hat Satan nicht als den Gott dieser Welt geschaffen, wie ist er also an diesen Titel gekommen? Adam hat das aufgegeben, was Gott ihm gegeben hatte.

Wir wollen nicht den gleichen Fehler begehen mit den Dingen, die uns durch Jesus Christus zurückgegeben worden sind. Unser Erbteil ist wahrlich überwältigend. Der Friede ist nur ein Teil davon, ein sehr bedeutender Teil.

Erkennen Sie die Bedeutung des Friedens. Möge in Ihnen ein heiliger Entschluss aufsteigen, Ihren Frieden zu halten und zu leben. Denken Sie immer daran, Ihre Friedensschuhe anzuziehen, wenn Sie in die Schlacht ziehen. Gott gibt Ihnen die Rüstung eines schwer bewaffneten Soldaten. Er rüstet uns für die Schlacht aus mit Gerechtigkeit, Wahrheit, Frieden, Rettung, dem Wort Gottes, Glaube und Gebet (siehe Eph 6). Viele der Kinder Gottes tragen ihre Rüstung, anstatt sie anzuziehen. Tragen Sie Ihre Friedensschuhe nicht bei sich wie einen Besitz – ziehen Sie sie an! Sie werden Sie in den Kampf der Liebe führen.

18.
DER KAMPF DER LIEBE

● Ein Grundsatz zieht sich wie ein roter Faden durch das ganze Wort Gottes: Das Böse wird mit dem Guten überwunden. »Laß dich nicht vom Bösen überwinden, sondern überwinde das Böse mit Gutem« (Röm 12, 21). Wenn wir offensiv in der Liebe leben, kann uns das Böse nichts anhaben. Offensive Liebe ist eine Entscheidung – sie sucht nach jemandem, den sie segnen kann. Liebe sucht nach Gelegenheiten, wo sie sich zur Schau stellen kann. Die Macht der Liebe wirkt mit dem Glauben wie in einer Partnerschaft zusammen.

> Denn [wenn wir sind] in Christus Jesus gilt weder Beschneidung noch Unbeschnittensein etwas, sondern der Glaube, der durch die Liebe tätig ist (Gal 5, 6).

Der Glaube wird durch die Liebe tätig, er wird also durch die Liebe aktiviert, mit Energie versorgt und drückt sich durch Liebe aus. Viele betrachten sich selbst als große Menschen des Glaubens, aber wenn man die Frucht ihres Lebens betrachtet, wird durch sie nur sehr wenig echte Liebe offenbar. Sie mögen sehr kraftvoll sein, aber die wahre geistliche Kraft findet sich in den Facetten und Früchten der Liebe.

> Wenn ich mit Menschen- und mit Engelzungen redete [reden könnte] und hätte die Liebe nicht [diese vernünftige, absichtliche, geistliche

Hingabe, wie sie durch die Liebe Gottes für und in uns mobilisiert wird), so wäre ich ein tönendes Erz oder eine klingende Schelle.

Und wenn ich prophetisch reden könnte [die Gabe, den göttlichen Willen und seine Absicht zu interpretieren) und wüßte alle Geheimnisse und alle Erkenntnis und hätte allen Glauben, so daß ich Berge versetzen könnte, und hätte die Liebe (Gottes Liebe in mir) nicht, so wäre ich nichts (ein nutzloser Niemand).

Und wenn ich alle meine Habe den Armen gäbe und ließe meinen Leib verbrennen, und hätte die Liebe (Gottes Liebe in mir) nicht, so wäre mir's nichts nütze.

Die Liebe ist langmütig und freundlich, die Liebe eifert nicht, die Liebe treibt nicht Mutwillen, sie bläht sich nicht auf (arrogant und vor Stolz aufgeblasen), sie verhält sich nicht ungehörig (unverschämt), sie (Gottes Liebe in uns) sucht nicht das Ihre, sie lässt sich nicht erbittern, sie rechnet das Böse nicht zu [sie schenkt erlittenem Unrecht keine Beachtung], sie freut sich nicht über die Ungerechtigkeit, sie freut sich aber an der Wahrheit;

sie erträgt alles, sie glaubt alles, sie hofft alles, sie duldet alles [ohne müde zu werden]. Die Liebe hört niemals auf, wo doch das prophetische Reden aufhören wird und das Zungenreden aufhören wird und die Erkenntnis aufhören wird (1. Kor 13, 1–8).

Die Facetten der Liebe

Die Liebe ist wie ein glitzernder Diamant; sie hat viele Facetten. Hier sind neun Facetten, die wir uns einmal näher betrachten wollen.

1. Geduld
2. Freundlichkeit
3. Großzügigkeit
4. Demut
5. Höflichkeit
6. Selbstlosigkeit
7. Gute Laune
8. Arglosigkeit
9. Ehrlichkeit

Wie oft öffnet fehlende Liebe dem Geist der Zwietracht eine Tür? Wäre die Liebe dagewesen, als die Zwietracht ans Tor klopfte, sie hätte keinen Einlass gefunden. Das Böse wäre von dem Guten überwunden worden. Das Licht überwindet die Dunkelheit. Der Tod ist im Leben vollkommen bezwungen und verschlungen.

Hier ist eine grundlegende Wahrheit, auf die wir unser Leben aufbauen: Jesus kam, um die Menschheit zu retten.

> Wie Gott Jesus von Nazareth gesalbt hat mit
> heiligem Geist und Kraft; der ist umhergezogen
> und hat Gutes getan und alle gesund gemacht,
> die in der Gewalt des Teufels waren, denn Gott
> war mit ihm (Apg 10, 38).

Wir antworten auf die Liebe Gottes, die durch Jesus über uns ausgegossen wurde. Seine Liebe zieht uns heraus aus unseren alten bösen Wegen, und wenn wir mit ihm Gemeinschaft haben, werden wir verändert, damit wir ihm ähnlich werden. Unser Böses wird in Gottes Güte verschlungen.

Jesus ging umher »und hat Gutes getan« (Apg 10, 38), und dabei wurde er vor dem Teufel beschützt. Sein Wandeln in der Liebe Gottes wurde zur Waffe des Lichts:»Die Nacht ist vorgerückt, der Tag aber nahe herbeigekommen. So laßt uns ablegen (wegwerfen) die Werke der Finsternis und anlegen die Waffen [volle Waffenrüstung] des Lichts« (Röm 13, 12).

Wenn wir jeden Tag die Waffenrüstung des Lichts anlegen, wird die Dunkelheit vor uns weichen. Gehen Sie einmal in ein dunkles Zimmer, und schalten Sie das Licht an. Sie werden sehen, wie schnell die Dunkelheit vom Licht verschlungen wird! Wenn Sie gegen den Teufel kämpfen, wäre es ratsam, wenn Sie sich noch stärker darauf konzentrierten, in der Liebe zu leben. Ich habe an meinem eigenen Leben beobachtet, dass ich mich so sehr darauf konzentrierte, den Feind zu bekämpfen, dass ich keine Zeit mehr hatte, zu anderen gut zu sein. Mein Krieg mit dem Feind machte mich sauer anstatt süß.

Wir wollen nun jede einzelne Facette der Liebe untersuchen und darüber nachdenken, wie sie die Zwietracht fern halten könnte, wenn sie lebendig wäre.

1. Geduld

Zwietracht gelangt in Beziehungen, weil die Menschen einander oder sich selbst gegenüber ungeduldig sind. Zwietracht ist das Gegenteil von Frieden und Liebe.

2. Freundlichkeit

Wenn man zu einem verzweifelten Menschen freundlich ist, so wirkt das auf ihn wie ein heilender Balsam, aber Unfreundlichkeit vergrößert nur den Zorn. Die Zwietracht lungert immer herum und sucht nach einem Spalt, durch den sie hindurchkriechen kann.»Ein Knecht des Herrn aber soll nicht streitsüchtig sein, sondern freundlich gegen jedermann« (2. Tim 2, 24). Freundlichkeit wird die Zwietracht fern halten!

3. Großzügigkeit

»Die Liebe eifert nicht, die Liebe treibt nicht Mutwillen« (1. Kor 13, 4). Neid und Eifersucht sind offene Türen für die Zwietracht. Wenn Sie zu Neid verleitet werden, antworten Sie darauf mit Großzügigkeit und das Böse wird vom Guten verschlungen. Es gab Zeiten in meinem Leben, da griff mich der Geist der Eifersucht rücksichtslos an, als es um die Verkündigung eines anderen ging. Ich habe herausgefunden, dass der einzige Weg, den Feind auf diesem Gebiet zu schlagen, darin besteht, den Spieß umzudrehen. Anstatt dem Teufel in die Hand zu spielen und Groll gegen den Menschen zu hegen, weil er etwas hat, was ich nicht habe, gebe ich diesem Menschen oftmals, damit er noch mehr hat. Mir »ist nicht immer danach«, das zu tun, aber ich habe herausgefunden, dass es funktioniert. Ich möchte nicht eifersüchtig sein; ich verabscheue das Gefühl von Eifersucht und Neid. Diese Gefühle sind Attacken des Feindes, und ich kann sie überwinden, mit der Facette der Liebe, die man Großzügigkeit nennt.

4. Demut

Demut ist das Gegenteil von Stolz. Wir haben bereits gesehen, wie Stolz eine offene Tür für die Zwietracht ist. Erniedrigen Sie sich selbst, und Gott wird Sie erhöhen. Es wäre unmöglich, ohne Zwietracht zu leben, wenn es keine Demut gäbe. Friedensstifter zu sein erfordert Demut. »Hochmut kommt vor dem Fall« (Spr 16, 18). Viele Beziehungen sind durch einen Geist der Zwietracht zerstört worden, nur weil keiner der beiden Partner sich erniedrigen und darauf warten wollte, dass Gott ihn erhöhe.

5. Höflichkeit

Liebe ist nicht unverschämt und ungehörig. Es ist erstaunlich, wie die Worte »bitte« oder »danke« einen Befehl weicher klingen lassen können. Wer Autorität hat und in einer Stellung ist, von der aus er anderen sagen kann, was sie tun sollen, könnte eine Menge von Widerstand vermeiden, wenn er sich bessere Manieren angewöhnen würde.

Ich habe die Gabe der Leitung und habe in meinem Temperament immer die Fähigkeit zum Führen schlummern sehen. Ich war »ein geborener Chef«, aber ich versuche nicht, mich wie einer zu benehmen – das ist ein großer Unterschied. Ich bin direkt und geradeheraus. Ich entferne alle Verzierungen und komme schnell zur Sache. Das ist eine gute Eigenschaft, aber sie kann auch aggressiv wirken, wenn sie nicht mit einem Schuss Höflichkeit verfeinert wird.

Wir brauchen die Annehmlichkeiten des Lebens. Sie mögen nicht lebenswichtig sein, aber es zeugt von Weisheit, sich ihrer zu bedienen. Ich bin der Chef, und ich kann den Leuten geradeheraus sagen, was sie tun sollen. Aber wenn ich mir die Zeit nehme, um höflich zu ihnen zu sein, dann wollen sie lange für uns arbeiten.

Ich ermutige Sie, den längeren Weg zu nehmen und zu Ihrer Familie und Ihren engsten Freunden höflich zu sein. Ich habe herausgefunden, dass wir dazu neigen, uns bei den Menschen, die uns am nächsten stehen, Freiheiten herauszunehmen, die wir in einem Gespräch mit einem Fremden gar nicht in Betracht ziehen würden. Ich erinnere mich daran, wie mich Gott vor Jahren wegen der unverschämten Weise zurechtwies, wie ich mit meinem Mann sprach. Er sagte: »Joyce, wenn du zu deinem Mann genauso höflich wärst wie zu deinem Pfarrer, wäre es um deine Ehe wesentlich besser bestellt.« Viel Zwietracht kann durch einfache Höflichkeit vermieden werden.

6. Selbstlosigkeit

In der Lutherübersetzung heißt es, Liebe »sucht nicht das Ihre« (1. Kor 13, 5) »Wer mir nachfolgen will, der verleugne sich selbst [der vergesse, ignoriere, verleugne und verliere den Blick auf sich selbst und seine eigenen Interessen]« (Mk 8, 34).

Jesus ist Liebe, und wenn wir seiner Lebensart nachfolgen wollen, erfordert dies, dass wir uns ein selbstloses Wesen angewöhnen und entwickeln. Der Same für dieses Wesen ist in uns, weil Christus in uns ist, aber er muss durch unsere freie Entscheidung zum Keimen gebracht werden. Gott hat diesen Samen in uns hineingesät, aber wir müssen ihn gießen und für ihn sorgen, damit er wächst, bis er Frucht bringt. Es ist keine leichte Aufgabe, wenn man sein eigenes Ich aufgeben soll. Das Fleisch stirbt langsam und kämpft erbittert. Die Zwietracht war ein Dauergast in unserem Heim, als ich noch völlig egoistisch war. Mit den Jahren hat sich Gott mit mir beschäftigt, und ich habe festgestellt, wenn der Egoismus geht, verliert die Zwietracht ihre Brutstätte. Egoismus ist der Brutplatz für Zwietracht.

7. Gute Laune

Liebe lässt sich nicht einfach provozieren; sie ist nicht reizbar und lässt sich nicht erbittern (1. Kor 13, 5). Liebe ist langsam zum Zorn (Jak 1, 19). Nach den Aussagen der Bibel ist Gott schwer zu erzürnen, und er ist Liebe. Das Heranwachsen der Frucht der Selbstkontrolle ist die Antwort auf Jähzorn.

Wir beginnen damit, Gott zu bitten, uns die Ursache für ein Problem zu zeigen. Es kann in verschiedenen Dingen liegen. Missbrauch jeglicher Art in der Vergangenheit kann einen Menschen mit unterdrücktem Zorn zurücklassen, der aufgearbeitet werden muss. Stolz ist oftmals die Ursache für Jähzorn.

Meine Tochter wurde immer sehr schnell zornig, und sie fand schließlich heraus, dass die Ursache hierfür in ihrem Perfektionismus lag. Ich habe gelernt, dass es viel einfacher ist, durch Selbstbeherrschung das Gefühl des Zorns zu kontrollieren, als wenn man sich mit allen Konsequenzen herumschlagen muss, wenn man erst einmal die Beherrschung verloren hat. Ich hasse die Zwietracht und ihre Auswirkungen auf Menschen. Eine gute Laune schlägt der Zwietracht die Tür vor der Nase zu.

8. Arglosigkeit

Die Liebe »rechnet das Böse nicht zu« (1. Kor 13, 5). Falsche, böse Gedanken öffnen der Zwietracht die Tür. Wir müssen unsere Gedanken rechtfertigen können. Sie produzieren Gutes oder Böses in unserem Leben. Jeder hat den Geist des Fleisches und den Geist Gottes in sich (siehe Röm 8, 6–9).

Wir sollen den Geist Gottes wählen. Er produziert Leben und Frieden. Liebe ist gut und erwartet das Beste von jedem Menschen.

Wie ist es möglich, das Beste von Menschen zu erwarten, die uns immer wieder enttäuscht haben? Die Liebe vergisst die Vergangenheit und befasst sich mit jeder Sache immer wieder von Neuem. Ach, wie herrlich wäre es, wenn wir vollkommen arglos wären. Stellen Sie sich nur den inneren Frieden in dem Menschen vor, der niemals einen bösen Gedanken hatte. Sie werden denken: Das hört sich in der Theorie toll an, aber ist das wirklich möglich? Ich weiß nicht, ob ich jemals dieses Stadium der Perfektion erreichen werde, aber ich bin fest entschlossen, diesem Ziel zuzueilen. Liebevolle Gedanken bekämpfen die Zwietracht!

9. Ehrlichkeit

Liebe ist ehrlich. Das ist nicht nur viel Gerede oder graue Theorie, sondern man kann es beobachten. Liebe erfüllt Bedürfnisse. Liebe ist echt. Sie will anderen wirklich helfen. »Die [Eure] Liebe sei ohne Falsch [vollkommen real und echt). Haßt das Böse [verabscheut alles was nicht göttlich ist, wendet euch in Abscheu von der Bosheit], hängt dem Guten an« (Röm 12, 9).

Dies ist die Einstellung, die wir gegenüber der Zwietracht haben sollten – wir hassen sie, weil sie böse ist! Sie kommt wie ein Wirbelsturm und hinterlässt Zerstörung überall da, wo sie eingelassen wird. Bekämpfen Sie sie, indem Sie am Guten festhalten.

Die Liebe ist das Größte auf der Welt. Sie macht das Leben lebenswert. Liebe befreit uns von dem Gesetz. »Nun aber bleiben Glaube, Hoffnung, Liebe, diese drei; aber die Liebe ist die größte unter ihnen« (1. Kor 13, 13). Paulus lehrt uns, dass Liebe »der bessere Weg« zu leben ist (1. Kor 12, 31). Er betete: »Daß eure Liebe immer noch reicher werde an Erkenntnis und aller Erfahrung« (Phil 1, 9).

Immer reicher werdende Liebe kann Zwietracht überwinden. Die

Liebe wird Sie vor dem Teufel beschützen. Das ist wahre geistliche Kriegskunst. Satan weiß das, und deshalb bekämpft er die Menschen, die in der Liebe leben. Er weiß, wenn Ihr Leben in der Liebe weiter wächst, werden Sie zu einer Gefahr für das Reich der Finsternis. Ich habe viele Jahre lang die Liebe studiert, und sie muss ein Teil meiner regelmäßigen Studien von Gottes Wort bleiben. Aufgrund des Wesens des Fleisches ist es recht einfach, egoistisch und auf sich selbst gerichtet zu werden. Aber mit Gottes Hilfe und einem bereiten Herzen können wir der Zwietracht und allem, für was sie steht, mit einem wahren Geist der Liebe begegnen und sehen, wie sie jedes Mal von neuem besiegt wird.

19.
DRUCK DURCH VERÄNDERUNGEN

● In Zeiten des Wandels bietet sich der Zwietracht immer eine Gelegenheit, sich in Ihr Leben einzuschleichen. Nicht jeder mag Veränderungen. Selbst wenn die Veränderung positiv ist, wird es immer einige geben, die unglücklich darüber sind. Beispielsweise mag ein Arbeitgeber die Notwendigkeit zu Veränderungen spüren, aber alle Angestellten sind nicht unbedingt seiner Meinung.

Wir haben immer einige Veränderungen vorzunehmen, wenn unser Werk wächst. Dinge, die wir früher mit fünf Angestellten tun konnten, funktionieren so heute einfach nicht mehr. Wir haben erst kürzlich unsere Arbeitszeit geändert und die Mittagspause verlängert. Zuerst dauerte unser Arbeitstag von 8.00 Uhr morgens bis 16.30 Uhr nachmittags, mit einer halben Stunde Mittagspause. Als wir mit unserer Verkündigungsarbeit ins Fernsehen gingen, wollten wir das Büro so lange wie möglich geöffnet lassen, damit Zuschauer Kassetten bestellen konnten. Keiner unserer Angestellten beschwerte sich, aber ich bin sicher, dass manche unter ihnen mit der Veränderung nicht einverstanden waren.

Wir alle haben persönliche Vorlieben für manche Dinge. Einige Veränderungen passen uns besser als andere. Darum müssen die Menschen, die für die Organisation verantwortlich sind, das tun, was für das gesamte Unternehmen das Beste ist, sie können es nicht allen recht machen. Niemand kann es immer allen recht machen, einfach weil die Menschen so verschieden sind.

Wir haben festgestellt, wenn ein Pfarrer spürt, dass Gott ihn in eine neue Richtung führt, einige Gemeindemitglieder damit einverstanden sind und andere nicht. Ein großer Teil der Gefühle der Menschen hängt von ihren persönlichen Vorlieben ab, aber es ist ein Fehler anzunehmen, dass ein Oberhaupt nicht dem Willen Gottes folgt, nur weil man persönlich nicht mit der Veränderung einverstanden ist.

Ein Pfarrer spürt beispielsweise, dass Gott in und mit der Gemeinde ein intensives Auslandsmissionsprogramm beginnt. Einige dieser Gemeinde werden das toll finden, während andere eher meinen werden, dass man sich lieber auf ein lokales Evangelisationsprogramm beschränken und konzentrieren sollte. Wenn die Menschen nicht bemerken, dass viele ihrer Gefühle auf ihren eigenen Meinungen und Vorlieben basieren, können sie der Zwietracht sehr schnell eine Tür öffnen, indem sie ihrem Missfallen vehement Ausdruck verleihen.

Ein unglaublich hoher Anteil Zwietracht wird in Gemeinden aufgewühlt und führt dort zu großen Zerstörungen aufgrund von Veränderungen, die nicht jeder versteht und mit denen nicht alle einverstanden sind. Ich sage den Leuten, die mit ihren Problemen zu uns kommen, dass sie doch den Veränderungen zuerst ein wenig Zeit geben sollen, um zu sehen, wohin sie führen und wie sie sich bewähren. Dann erst sollten sie mit dem Pastor über ihre Sorgen sprechen, nicht aber mit anderen Mitgliedern der Gemeinschaft. Häufig kann ein wenig Verständnis für die Situation die Sicht auf eine Sache völlig verändern.

Wenn Sie schließlich meinen, dass Sie aufgrund der Veränderungen in der Gemeinde nicht mehr dort glücklich sein können, dann suchen Sie sich einen anderen Ort – aber gehen Sie in Frieden. Gehen Sie nicht mit der Einstellung, dass alle anderen sich geirrt haben. Was sie tun, mag für sie in Ordnung sein, aber nicht für Sie. Wir sollten einander die Freiheit lassen und nicht verurteilen.

> Der eine glaubt, er dürfe alles essen; wer aber schwach ist, der [beschränkt sich darauf und] ißt kein Fleisch. Wer ißt, der verachte den nicht, der nicht ißt; und wer nicht ißt, der richte den nicht, der ißt; denn Gott hat ihn angenommen. Wer bist du, daß du einen fremden Knecht richtest? Er steht oder fällt seinem Herrn. Er wird

aber stehen bleiben; denn der Herr kann ihn aufrecht halten. Der eine hält einen Tag für höher als den andern; der andere aber hält alle Tage für gleich. Ein jeder sei in seiner Meinung gewiß
(Röm 14, 2–5).

Jede Art von Veränderung scheint eine Gelegenheit für die Zwietracht zu sein. Eine Frau erlebt in ihrem monatlichen Zyklus ungewöhnliche Dinge, weil ihr Körper und ihre Hormone sich verändern. Mit vielen Frauen ist in dieser Zeit schwer auszukommen. Warum? Weil Dinge sich verändern und sie sich anders fühlt. Viel Streit in der Familie könnte vermieden werden, wenn die Frauen in dieser Zeit etwas mehr Ruhe hätten und für einige Tage anstrengende Situationen vermeiden könnten. Innerhalb von wenigen Tagen wäre eine Frau dann wieder in der Lage, mit einer Sache wunderbar fertig zu werden, mit der sie während der Zeit der Veränderungen in ihrem Körper nicht umgehen konnte.

Dasselbe gilt, wenn Frauen mittleren Alters in die Wechseljahre kommen. Ihr Körper macht einschneidende Veränderungen durch und macht nicht länger Dinge mit, die sie während ihres ganzen bisherigen Lebens tun konnten. Diese Veränderungen wirken auf die Frauen ganz unterschiedlich, aber für viele sind die Wechseljahre eine Zeit der Veränderung, die der Zwietracht in Beziehungen die Tür öffnen können. Dinge, mit denen eine Frau bisher ganz zufrieden war, sind plötzlich völlig inakzeptabel geworden. Oder Dinge, die eine Frau zwar ärgerten, sie aber dennoch akzeptieren konnte, ist sie plötzlich nicht mehr bereit zu ertragen.

Ihr Geduldspotential ist sehr niedrig, und wenn der Lärmpegel im Haus sehr hoch ist, kann dies zu Streit führen. Wenn der Ehemann ihr nicht die Zuneigung entgegenbringt, die sie sich wünscht, wird sie viel leichter verletzt sein. Sie zieht sich vielleicht zurück und handelt, wie es ihre Familie gar nicht gewohnt ist. Ihr Bedürfnis nach Zärtlichkeit ohne Geschlechtsverkehr kann in dieser Zeit größer sein. Sie möchte einfach in den Arm genommen werden, weiter nichts.

Als ich in den Wechseljahren war, habe ich herausgefunden, dass es mir sehr geholfen hat, wenn ich zu mir selbst sagte: »Joyce, du spürst all diese Veränderungen, aber alles wird gut sein.« Reden Sie manchmal mit sich selbst, sprechen Sie sich mit sich selbst aus. Lassen Sie sich von den Veränderungen nicht so sehr desorientieren, dass sie Zwietracht verursachen können.

Wenn Leute umziehen, eine neue Stelle annehmen, wenn sich Beziehungen lösen oder wenn sie neue Beziehungen eingehen – und viele Tausende anderer Veränderungen – stehen sie unter einem gewissen Druck. Veränderung erfordert mehr Aufmerksamkeit als die normalen Lebensumstände. Um sich an die Notwendigkeit größerer Aufmerksamkeit für die Veränderung anzupassen, müssen andere Dinge eventuell zurückstehen oder neu bewertet werden.

Wenn Sie mit Veränderungen welcher Art auch immer zu tun haben, denken Sie daran, dass der Teufel versuchen wird, Sie auszunutzen. Er hofft, dass er Sie in einem Augenblick erwischt, in dem Sie nicht so wachsam sind und Sie ihn hereinlassen, ohne zu bemerken, was eigentlich vor sich geht. Achten Sie auf den Geist der Zwietracht und überlassen Sie ihm kein Terrain.

Die Menschen wollen Veränderung, aber oftmals haben sie auch Angst davor. Veränderung bedeutet, dass man sich dem Unbekannten stellen muss. Uns ist es lieber, wenn alles in geordneten Bahnen verläuft und wir genau wissen, was auf jedem Schritt des Weges geschieht. Wenn Sie zum Beispiel neue Beziehungen zu anderen Menschen eingehen, dann müssen Sie lernen, wie sie in jeder Situation reagieren. Was mögen sie und was nicht? Was kann man ihnen sagen und was nicht? Sind sie schnell beleidigt, wenn Sie sie necken?

Eine neue Beziehung zu entwickeln erfordert mehr Energie, als mit jemandem zusammen zu sein, den man schon lange Zeit kennt. Es kann anstrengend sein und Sie oftmals in anderen Bereichen beinahe in den Wahnsinn treiben. Hüten Sie sich vor Zwietracht in Zeiten des Wandels.

Eine weitere Veränderung, die der Zwietracht die Tür öffnen kann, bietet sich dann, wenn Gott Sie verändert. Gott verändert uns in einem ständig wachsenden Grad an Herrlichkeit (siehe 2. Kor 3, 18). Hebräer 12 lehrt uns, dass Gott uns zu unserem höchsten Wohl züchtigt, aber es macht keinen großen Spaß, gezüchtigt zu werden.

> Jede Züchtigung aber, wenn sie da ist, scheint
> uns nicht Freude, sondern Leid zu sein; danach
> aber bringt sie als Frucht denen, die dadurch
> geübt sind, Frieden und Gerechtigkeit [eine
> große Ernte Früchte aus Gerechtigkeit – in
> Übereinstimmung mit dem Willen Gottes in Ziel,
> Denken und Tat, die zu einem rechten Leben
> und einer richtigen Stellung zu Gott führt]
> (Hebr 12, 11).

Die Züchtigung verändert uns und macht uns immer mehr wie Jesus in unseren Gedanken, Worten und Werken. Die nächsten Verse sagen uns, wie wir reagieren sollten, wenn Gott uns züchtigt.

> Darum stärkt die müden Hände und die wan-
> kenden Knie und macht sichere Schritte mit
> euren Füßen [ja, macht sie sicher und aufrecht
> und geht fröhliche Wege, die in die richtige
> Richtung weisen], damit nicht jemand strauchle
> wie ein Lahmer, sondern vielmehr gesund
> werde (V. 12–13).

Eine Fußnote zum dreizehnten Vers im Worrell New Testament lautet:

> Gehe mit deinen Füßen gerade Wege; wähle dir
> Gottes Wort als »deines Fußes Leuchte und ein
> Licht auf deinem Wege« (Ps 119, 105); nicht
> nur zu deinem Wohl und zur Ehre Gottes,
> sondern auch für andere, denen dein Beispiel
> hilft oder sie verletzt.

Diese Anweisungen zeigen uns, wie wir in Zeiten der Züchtigung und des Wandels (Zeiten, in denen Gott uns verändert) reagieren sollen. Die Anweisungen werden in Vers 14 fortgeführt, wo wir »dem Frieden nachjagen sollen mit jedermann und der Heiligung, ohne die niemand [jemals] den Herrn sehen wird« (V. 14). Während Sie nach Heiligkeit streben und Gott in Ihnen wirkt und Sie sich verändern lassen, denken Sie daran, nach einem Leben in Frieden mit jedermann zu streben.

Manchmal fühlen wir uns verwirrt, wenn Gott sich mit uns abgibt, weil wir nicht alles verstehen, was wir in uns fühlen. Dave und ich haben gelernt, einander zu sagen, wenn wir glauben, dass Gott sich mit uns beschäftigt. Wir sagen dann etwa: »Gott beschäftigt sich mit mir. Ich weiß noch nicht zu welchem Zweck, aber ich weiß, dass in mir etwas vorgeht. Wenn ich mich also ein wenig ungewöhnlich verhalte oder stiller zu sein scheine, das ist der Grund.«

Bevor wir anfingen, uns gegenseitig davon zu erzählen, wurden Zeiten persönlicher Veränderungen oftmals zu offenen Türen für Zwietracht. Wenn Dave nicht verstand, warum ich mich seltsam verhielt und ich es nicht für nötig hielt, ihm zu sagen warum, dann wurde er ganz still. Ich glaubte dann, mit ihm würde etwas nicht stimmen. Das beunruhigte mich dann noch mehr, weil ich meinte, dass ich schon genug mit mir selbst zu tun hatte, und nicht ihn noch brauchte, der mich verrückt machte.

Sicher können Sie sehen, wie sich der Teufel Zeiten wie diese zunutze macht, in denen keine Kommunikation oder Selbstbeherrschung vorhanden ist. Etwas anderes, was ich schließlich lernte, war, dass ich nicht das Recht hatte, jedes meiner Gefühle nach außen zu tragen. Wenn Gott mich verändert, muss ich ihn machen lassen, ohne dass ich melodramatisch werde und viel mehr aus der Situation mache, als sie wert ist.

Still zu leiden ist gut für uns. Wir können lernen, die Veränderungen zu durchleben, die Gott in unser Leben bringt, ohne dass wir unsere Enttäuschungen auf andere übertragen. Wir können, und sollten lernen, die gute Frucht des Heiligen Geistes während der Zeiten des Wandels zu tragen. Erzählen Sie, was nötig ist, aber kümmern Sie sich ansonsten um Ihre eigenen Angelegenheiten und lassen Sie Gott tun, was er tun muss. Je mehr Sie kämpfen, desto länger dauert es. Manchmal beten wir zu Gott, dass er uns verändern möge, und dann ringen wir mit ihm, wenn er es versucht. Wir wollen Veränderung, aber wir haben Angst davor.

Wandel bringt Fortschritt

Veränderungen sollen Fortschritt bringen, und Satan wird immer gegen den Fortschritt kämpfen. Er wird Sie ständig angreifen, während Sie sich nach vorne bewegen. Wenn Gott sich mit Ihrem Innern beschäftigt, soll dies eine äußere Veränderung bewirken. Gottes Plan ist, Sie in ein neues Reich der Herrlichkeit zu führen, aber Satan freut sich daran, wenn er Sie zerstreuen und Sie davon abhalten kann, mit Gott voranzugehen.

Es gab schon viele Male, wenn der Herr sich mit mir wegen eines bestimmten falschen Verhaltens beschäftigte – etwas, von dem ich mich sehnte, erlöst zu werden, und es war mir ernst damit, einen Ort der Freiheit zu erreichen. Wenn ich studierte und betete, konnte ich oft spüren, dass ich kurz vor dem Durchbruch war, aber stattdessen brach dann in meinem Leben Chaos aus.

Dieses Chaos ließ mich alles vergessen, was Gott in mir erarbeitet hatte, und ich musste mich wieder ganz neu um meine Probleme kümmern. Einige Wochen oder Monate später, machte sich Gott wieder mit mir daran, die gleichen Dinge zu bearbeiten. Dann erinnerte ich mich daran, dass ich schon zuvor einmal so nah am Ziel gewesen war und hatte unbewusst zugelassen, dass Satan mich ablenkte und vom Weg abbrachte. Häufig war das »Problem«, das der Teufel benutzte, etwas, was der Zwietracht die Tür öffnete, entweder in meinem Innern oder gegenüber anderen.

Ich bin fest davon überzeugt, dass dies ein Bereich ist, der eine große Aufmerksamkeit verdient. Denken Sie in Ruhe darüber nach, und ich glaube, Sie werden einen ähnlichen roten Faden erkennen, der sich durch Ihr Leben schlängelt. Haben Sie festgestellt, wenn Sie in einem Bereich vorankommen, dass Satan Zwietracht in einem anderen Lebensbereich benutzt, um Ihr Vorankommen zu verlangsamen?

Während meiner Jahre im Verkündigungsdienst habe ich festgestellt, dass der Heilige Geist mir immer wieder zukünftige Dinge am Horizont zeigt, damit ich rechtzeitig anfangen kann, mich auf diesem Gebiet vorzubereiten. Vorbereitung ist lebenswichtig, wenn man von Gott benutzt wird. Da ich bei einer solchen Gelegenheit meinte sehen zu können, was in der Zukunft lag, wusste ich, dass ich anfangen musste zu studieren und zu beten.

Ich hörte von Gott, wie er wollte, dass ich vorgehen sollte, und ich fing an. Innerhalb von vierundzwanzig Stunden ergaben sich für mich vier Gelegenheiten für Zwietracht. Zunächst war mir gar nicht klar, was vor sich ging, und genau das ist es, was Satan bezweckt. Enttäuschung heißt, dass der Feind die Kontrolle hat und wir nicht wissen, was geschieht. An einem Tag mussten drei Angestellte ernsthaft zurechtgewiesen werden. Ich will damit nicht sagen, dass auch nur einer dieser Betroffenen ein »schlechter« Mensch sei. Es ist einfach nur die Art, wie Satan vorgeht; er wühlt alles auf, was uns ablenken könnte. Er benutzt Zwietracht, um unser Vorankommen zu verhindern. Er versucht, durch jegliche Schwächen eines Menschen zu wirken (und wir alle haben schließlich Schwächen), und das in einer Zeit, in der wir kurz davor stehen, einen Durchbruch in eine ganz neue Herrlichkeit in unserem Leben zu erleben.

Alle drei Angestellte sind wunderbare und wertvolle Menschen mit Verletzungen und Narben aus ihrer Vergangenheit, die ab und zu durchbrechen. Wir versuchen, ihnen zu helfen, und dabei müssen wir uns von Zeit zu Zeit mit ihren Problemen befassen. Sie sind emotional verletzt worden und manchmal geraten ihre Emotionen etwas außer Kontrolle. Der Feind weiß, dass er ihre Emotionen wieder aufwühlen kann, wenn er die richtigen Knöpfe drückt.

Schließlich wird diese Schwäche vom Heiligen Geist kontrolliert und wird für diese Leute zur Stärke. Aber im Augenblick ist es immer noch ein Bereich, den Satan benutzen kann, wenn sie sich dieser hinterlistigen Manipulation nicht bewusst sind. Da sie für uns arbeiten, muss ich mich am Ende damit befassen, wenn er es schafft, sie aufzuwühlen. Es war für mich offensichtlich, dass »unsichtbare« Kräfte am Werk waren, als alle drei unabhängig voneinander am selben Tag ein Problem hatten.

Innerhalb desselben Vierundzwanzig-Stunden-Zeitraums hatte auch ich eine blendende Gelegenheit für Zwietracht mit meinem Mann. Es betraf unseren Sohn und unsere unterschiedlichen Meinungen, wie wir in einer bestimmten Situation mit ihm umgehen sollten. Alle Eltern müssen sich von Zeit zu Zeit mit solchen Situationen auseinandersetzen. Ich hatte eine Meinung, Dave eine andere. Es dauerte nicht lange, bis wir diese Frage geklärt hatten, aber jedes Mal, wenn das Thema wieder aufkam, musste ich meine Gefühle fest im Zaum halten und mich daran erinnern, dass Dave das Oberhaupt unserer Familie ist.

Wenn wir uneins sind, dann kann ich mit respektvollen Worten zum Ausdruck bringen, was ich denke, aber dann muss ich ihm die letzte Entscheidung überlassen und Frieden halten. Auch wenn ich weiß, was ich tun müsste, es erfordert einen gewissen Teil meiner Aufmerksamkeit, es dann auch wirklich zu tun. Darum richtete es Satan in diesem konkreten Fall genau so ein, dass er pünktlich auf den Plan trat, als er wusste, dass es mich ärgern würde und zu Streit mit meinem Mann kommen würde.

Der Teufel will ganz sicher nicht, dass ich in einem heilbringenden Dienst vorankomme. Er will nicht, dass ich studiere und neue Erkenntnisse gewinne. Er will nicht, dass ich noch mehr Menschen helfe und zusehen kann, wie ihr Leiden von ihnen genommen wird. Er kämpft gegen die Gemeinde und ihren Fortschritt mit vielen Mitteln, aber Zwietracht ist eine seiner liebsten Täuschungswaffen. Wir machen den Fehler, dass wir glauben, die *Menschen* seien das Problem, wo doch unser wahrer Feind der *Geist der Zwietracht* ist.

Es ist weise, wachsam zu sein und Satan nicht zu erlauben, unsere Probleme dazu zu benutzen, das Werk des Herrn im Leben eines anderen Menschen zu behindern. Es ist kein Wunder, dass wir in Matthäus 26, 41 lesen, dass wir »wachen und beten« sollen. Wir müssen uns selbst beobachten und darauf achten, wie der Feind versucht, durch andere Menschen und Umstände zu wirken, um unseren Fortschritt zu verhindern.

Was musste ich in diesen vier Situationen tun? Es lag in meiner Verantwortung, mich mit den vorliegenden Problemen zu beschäftigen, aber es war ebenso wichtig, dass ich meine Studien über die Heilung von Kranken vorantrieb. Ich musste mich mit jedem Betroffenen einzeln und auf göttliche Weise auseinander setzen, und ich durfte nicht zulassen, dass ich mich dadurch aufregen oder belasten ließ.

Manchmal belasten mich Dinge, mit denen ich mich auseinandersetzen muss. Dave hat schon oft zu mir gesagt, wenn ich genauso viel

Zeit damit verbrächte, mich mit einem Problem zu befassen, wie ich damit verbringe, mich darüber aufzuregen, dann wäre dafür gesorgt und die Sache beendet. Er hat natürlich Recht, aber es war auch für mich ein Lernprozess.

Schließlich musste ich lernen, dass jeder, der mit vielen Menschen zu tun hat, auch immer mit Dingen zu tun hat. Das heißt nicht, dass die Menschen schlecht wären; das Leben ist nur einfach so. Gott will, dass wir in der Liebe leben und einander unterstützen, aufbauen und stärken und dass wir unseren Fortschritt gegenseitig vorantreiben.

Satan will Zwietracht, Streit, Verurteilung, Beleidigung und Schwäche. Er weiß, dass er die Stärke jeder Gruppe schwächen kann, indem er sie auseinander bringt. Ich muss beten und darauf vertrauen, dass Gott mich führt, damit ich zu ihnen die richtigen Dinge sage. Ich brauche nicht den ganzen Tag und die Nacht damit zu verbringen, im Geiste zu »proben«, was ich ihnen sagen will. Satan will meinen Geist mit lauter sinnlosen Gedanken füllen.

Wie oft verbringen wir Stunden damit, unsere Worte zu proben, die wir jemandem sagen wollen, mit dem wir uns auseinander setzen müssen, und wenn die Zeit kommt, sagen wir kein einziges Wort davon? Diese ganze »geistige Zeit« war Verschwendung. Wir hätten die gleiche Zeit damit verbringen können, über das Wort Gottes zu meditieren oder über die Güte Gottes nachzudenken.

Wenn wir dem Herrn vertrauen, wird er uns führen, die richtigen Worte zur gegebenen Zeit zu sagen. Ich sollte vielmehr meine Gedanken angemessen darauf verwenden, was ich sage, damit ich ordentlich vorbereitet bin, aber wenn ich aus dem Gleichgewicht gerate, nutzt der Teufel die Gelegenheit und verschwendet meine Zeit und behindert mein Vorwärtskommen.

Denken Sie daran, dass der Teufel versuchen wird, Zwietracht einzusetzen, um Sie daran zu hindern, in Zeiten des Wandels voranzukommen. Zeiten des Wandels sind oft hart, aber sie führen uns in ein neues Reich der Herrlichkeit. Wachen und beten Sie und seien Sie weise angesichts der Strategien und Täuschungsmanöver des Feindes.

NACHWORT

VEREINT STEHEN WIR, GETRENNT FALLEN WIR

● Während ich dieses Buch schrieb, bemerkte ich einen zunehmenden Angriff der Zwietracht. Ich hatte mehr Gelegenheiten für Zwietracht als gewöhnlich. Ich bemerkte, wie ich mich fragte: Was geschieht hier? Dieses Gefühl hielt mich fest, bis ich das Buch beinahe beendet hatte, als ich bemerkte, dass Satan mich mit Zwietracht angriff. Er hoffte offensichtlich darauf, mich entweder abzulenken oder dass ich dieses Buch mit Zwietracht im Herzen schreiben würde, damit kein Segen auf ihm liegen sollte.

Kleinigkeiten, die mich normalerweise gar nicht berührten, Dinge, über die mir schon vor langer Zeit der Sieg gegeben worden war, begannen mich zu ärgern. Ich musste mich ganz bewusst dazu entscheiden, zu vergeben und keine Zwietracht zu hegen.

Während zweier Seminare hatten wir Konflikte zwischen den Teammitgliedern. Zwei unserer Angestellten im Büro hatten einen Streit miteinander, den wir ihnen helfen mussten beizulegen.

Andere Situationen kamen auf, alle von geringer Bedeutung, aber wenn wir uns nicht angemessen damit befasst hätten, wären sie wahrscheinlich zu großen Problemen geworden. Am Schluss dieses Buches möchte ich Sie an das erste Prinzip zur Überwindung von Zwietracht erinnern: Lernen Sie, Zwietracht zu erkennen und sich damit auseinander zu setzen.

Wenn Sie sie nicht erkennen, wird sie Ihr Leben in Stücke reißen und Sie werden Ihre Probleme auf alles andere schieben als auf die wirkliche Wurzel ihrer Schwierigkeiten. Wenn Sie sie erkennen, müssen Sie sich mit ihr auseinander setzen. Wenn Sie das nicht tun, wird sie Sie zerstören.

Kein Mensch ist gegen Angriffe immun. Im Lukasevanglium, Kapitel 4, wurde Jesus selbst vom Teufel in der Wüste versucht.

> Und als der Teufel alle Versuchungen vollendet hatte, wich er [vorübergehend] von ihm [d.h. er hielt sich fern von ihm] eine Zeit lang (bis sich eine andere, günstige Gelegenheit bot) (V. 13).

Die Grundsätze über Zwietracht und ihre Gefahren haben sich in meinem Herzen und meinem Leben für eine ganze Reihe von Jahren gefestigt, aber Satan sah das Schreiben dieses Buches sicherlich als einen geeigneten Zeitpunkt, mich wieder einmal auf die Probe zu stellen. Ich erzähle Ihnen dies, weil ich möchte, dass Sie verstehen, dass Satan häufig Zwietracht benutzt, um zu versuchen, Zerstörung in unser Leben zu bringen.

Dass ich mich gegen die Zwietracht gewehrt habe, hat dazu geführt, dass ich ihn besser verstanden habe und leichter erkennen kann. Ich glaube, dass ich nun stärker denn je gegen diesen Feind sein werde. Wenn Sie Ihren Glauben auf einem Gebiet trainieren, so werden Sie darin stärker.

Während eines Seminars über die Beleidigung bat ich eine Gruppe der Teilnehmer, darüber Buch zu führen, wie oft sie eine Gelegenheit hatten, in Streit zu geraten oder beleidigt zu werden. Eine Frau berichtete, dass sie vierzig Gelegenheiten in einer Woche hatte. Es scheint erstaunlich, aber verglichen mit anderen Leuten kann dies sogar eine recht kleine Zahl sein.

Eine zerstörerische Runde Zwietracht kann aus einem ganz kleinen Zwischenfall entstehen. In Sprüche 17, 14 steht dazu: »Wer Streit anfängt, gleicht dem, der dem Wasser den Damm aufreißt. Laß ab vom Streit, ehe er losbricht!«

Wenn Sie glauben, jemanden beleidigt zu haben, machen Sie den Weg und sagen Sie einfach zu ihm: »Wenn ich dich beleidigt habe, entschuldige ich mich dafür.« Wenn Sie dann entdecken, dass Sie ihn tatsächlich beleidigt haben, dann bitten Sie ihn einfach um Vergebung. Die Macht der Worte: »Bitte vergib mir« ist erstaunlich! Sollte derjenige Ihnen nicht vergeben wollen, dann haben Sie zumindest Ihren Teil erfüllt und können in Frieden leben.

Wenn jemand Sie beleidigt hat, vergeben Sie ihm – und tun Sie es schnell. Schützen Sie Ihr Herz. Sprüche 4, 23 erinnert uns:

> Behüte dein Herz mit allem Fleiß,
> denn daraus quillt das Leben.

Ein kraftvoller Lebensstrom wird aus einem Herzen ausströmen, das von dem Wort Gottes erfüllt ist, aber das Herz muss vor Bitterkeit und Zwietracht geschützt werden. Widerstehen Sie dem Teufel von Anfang an. Warten Sie nicht ab, um zu sehen, wie ernst das Problem werden wird. Behandeln Sie die Zwietracht wie eine Seuche! Seien Sie sich darüber klar, dass Satan herumlungert und nach jedem Riss sucht, durch den er hindurchkriechen kann. Sein Ziel ist Trennung!

> Jedes Reich, das mit sich selbst uneins ist, wird
> verwüstet; und jede Stadt oder jedes Haus, das
> mit sich selbst uneins ist, kann nicht bestehen
> (Mt 12, 25).

Diese Bibelstelle beschreibt die Zerstörung, die stattfindet, während die Zwietracht im Gange ist. In Klartext besagt sie, dass das Haus, die Familie, die Gemeinde, das Geschäft, Königreich oder Stadt, die entzweit ist, in Verzweiflung und Einöde gestürzt wird. Solch ein Ort wird nicht weiter bestehen können. Er kann eine gewisse Zeit noch halten, aber er wird nicht ewig währen.

Ich glaube, dass unsere Familie ewig währen wird durch das Vermächtnis des Wortes Gottes, wenn der Herr uns heim ruft. Ich glaube, dass unser Missionswerk weiterleben wird und dass unsere Kinder und Enkelkinder es von Generation zu Generation weitertragen werden, weil es auf einer Grundlage des Friedens erbaut und aufrechterhalten wurde. Ich bin mir absolut der ständigen Gelegenheiten für Streit und Entzweiung bewusst, und wie wir immer fest entschlossen bleiben müssen, Zwietracht fern zu halten.

Sie haben eine einzigartige Berufung für Ihr Leben. Sie sind ein wichtiger Teil des Leibes Christi. Gott hat für Sie sämtliche Vorkehrungen getroffen, dass Sie ein kraftvolles und produktives Leben führen. Jesus hat dafür bezahlt. Dieses Leben gehört Ihnen, es sei denn, Sie lassen es sich vom Teufel stehlen.

Sie sollten der Welt ein Vermächtnis hinterlassen und das Werk vollenden, zu dem Gott Sie berufen hat. Der Segen Gottes liegt auf Ihnen bei jeder Ihrer Aufgaben. Blockieren Sie diesen Fluss nicht, indem Sie der Zwietracht Einlass in Ihr Leben gewähren. Seien Sie all das, wozu Gott sie berufen hat. Leben Sie in Frieden mit sich selbst, mit Gott und mit Ihrem Nächsten.

> Aber die törichten [schlecht informierten, unerbaulichen, dummen) und unnützen Fragen weise zurück (verschließe deinen Geist dagegen, habe nichts damit zu tun); denn du weißt, daß sie nur Streit erzeugen. Ein Knecht des Herrn aber soll nicht streitsüchtig (kämpferisch und zänkisch) sein, sondern freundlich [das Band des Friedens bewahrend] gegen jedermann, im Lehren geschickt, der Böses ertragen kann
> (2. Tim 2, 23–24).

BIBLIOGRAPHIE

•

Strong, James. *The New Strong's Exhaustive Concordance of the Bible* (Nashville, Tenn.: Thomas Nelson Publishers, 1990).

Vine W.E *Complete Expository Dictionary of Old and New Testament Words* (Nashville, Tenn.: Thomas Nelson Publishers, 1985), *Webster's II New Riverside University Dictionary* (Boston, Mass.: Houghton Mifflin Company, 1994)

Hart Archibald D., *The Hidden Link Between Adrenaline and Stress* (Dallas, Tex.: Word Books, 1986), [Übers: Die verborgene Verbindung zwischen Adrenalin und Stress]

ANMERKUNGEN

•

Die zitierten Bibelstellen sind der »Luther-Bibel« in der Revidierten Fassung von 1984 entnommen. Zitate nach der Gute Nachricht Bibel in der Revidierten Fassung von 1997 sind jeweils separat mit »GN« gekennzeichnet.

Kapitel Eins
Zwietracht aufdecken

[1] Wahrig, Gerhard, Deutsches Wörterbuch, Mosaik-Verlag 1980, Stichwort: Zwietracht

Kapitel Zwei
Was der Zwietracht Tür und Tor öffnet

[2] W.E. Vine, Merrill F. Unger and William White, Jr., *An Expository Dictionary of Biblical Words* (Nashville, Tenn.: Thomas Nelson Publishers, 1984), s.v. »eris« 2054

Kapitel Neun
Wie Zwietracht Ihre Gesundheit beeinträchtigt

[3] Archibald D. Hart, *The Hidden Link Between Adrenaline and Stress* (Dallas, Tex.: Word Books, 1986), pp. 21–23 [Übers: Die verborgene Verbindung zwischen Adrenalin und Stress]

hänssler

Donna Partow

Die vier Temperamente – und welcher Typ bin ich?

Wie sich mein Persönlichkeit als Frau auf Ehe und Familie auswirkt
Pb., 340 S., Nr. 854.156
ISBN 3-7751-9156-9

Der Traum der perfekten Ehefrau und Mutter wird hier zerschlagen – statt dessen befreit die Autorin vom Perfektionismusdrang und nimmt Ihnen somit Schuldgefühle und Streß. Praktische Schritte zeigen, wie eine bessere Beziehung zu Mann und Kind aufgebaut werden kann.

Gary & Anne Marie Ezzo

Hilfe, meine Kinder sind in einem schwierigen Alter

Kinder im Jugendalter verstehen und begleiten
Pb., 240 S., Nr. 854.155
ISBN 3-7751-9155-0

Kinder im Teenager-Alter – das muß nicht gleichbedeutend sein mit Widerspruch und Rebellion! Basierend auf der Bibel verdeutlichen die Autoren anhand von Beispielen, wie Sie diese gespannte Familiensituation neu gestalten und Ihre heranwachsenden Kinder besser verstehen können. Ein wertvoller Ratgeber!

Bitte fragen Sie in Ihrer Buchhandlung nach diesen Büchern!
Oder schreiben Sie an den Hänssler Verlag, D-71087 Holzgerlingen